江戸武蔵野
妖怪図鑑

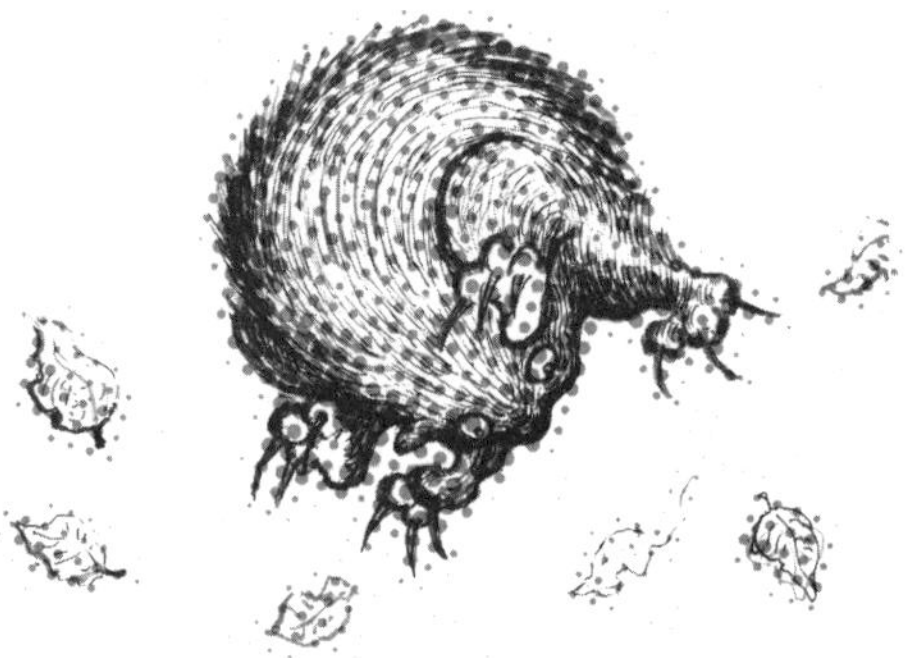

目次

地の巻

水の巻

火の巻

風の巻

空の巻

現代妖怪の巻

特別企画　雪女

地の巻

一本足

（絵・萬屋）

八丈島の山間部にいたと言われる、一本足の怪物。山の神とも言われ畏敬された。

全国的に山の神はたいがい「一つ目、一本足」が多い。その姿で「ぴょんぴょん」片足で跳ねながら、山中を徘徊するという。

山には人間の入ってはいけない忌み日がある。その日に入山すると化け物に襲われたと言われる。山の神の化身といっても決しておとなしい性格ではなく、場合によっては人に危害を加えたという。

中国でも古来より、山の怪物は「一つ目、一本足」とされており、中国からの渡来妖怪と思われる。

すってくりょう

（絵・好翁）

あきる野市菅生に今でも「すってくりょう塚」が残っている。今から七百年前のこと、武士の菅生経孝には三人の息子があった。長男が留守の時、次男が兄の愛馬を菩提寺の農作業に貸した。帰宅した兄は「武士の馬を！」と怒って刀を抜き弟に切りかかった。応戦する弟の剣に貫かれて、逆に兄が死亡。悔いにさいなまれた弟も自ら命を絶ってしまった。

二人は埋葬されたのだが、当時の風習であるさかやきを剃るという死化粧をされなかった。そのためだろうか、二人を埋めた場所からは毎夜「すってくりょう、すってくりょう」という悲しげな声が聞こえたと言われている。

霧の壁

（絵・萬屋）

昔、ヤマトタケルが現在の西多摩付近を通りかかったところ、土地の神が散々にいやがらせをしてきた。そして最後にはヤマトタケルの一行の前に霧が立ちこめ、まるで白い壁のようになり行く手を阻んだという。巨大な固まりのようで、供の者がいくら押しても、どうしても前に行けない。まるで根のはえた大木があるようであった。

怒ったヤマトタケルが自らの太刀でその霧の壁を払ったところ、その厚かった白い壁はすーっと潮が引くように消え、前方が見えるようになった。そして、その地元の神は狼となりヤマトタケル一行の道案内をしたという。

死田

（絵・増田）

耕すと死んでしまうという呪われた田のことを死田と呼んだ。

八王子では首斬り場であった場所がのちに田になったが、次々と怪異現象が起こったと言われている。首をはねられた人の恨みが土地に取り憑いて怨霊となったのかもしれない。

青梅では、怪盗「裏宿七兵衛」が打ち首になったあと、彼の田畑、屋敷跡の土地には怪奇な現象が起きたと言われている。「裏宿七兵衛」の怨念が死したあとも土地に止まり、人々にたたったのであろう。

人間はいつの時代も土地に執着する。他にも「精霊田」「泥田坊」など田の怪異は多い。

一の鳥居の怪

（絵・天野）

青梅の某所の鳥居における怪異。

鳥居は神様のいる神域と、私達人間のいる現界を区切る一つの境界である。その鳥居には不浄な者、邪悪な者を排除する力があるという。つまり、陰陽道でいうところの、結界である。鳥居をくぐり抜けるということは、神様の縄張りに入っていくことである。

この化け物は鳥居を通る人の足を捕まえ、金縛りにして動けなくしたという。人を試しているのだろうか？　単なるいたずらだろうか？　江戸時代の絵師鳥山石燕《せきえん》は「おとろし」という妖怪を描いているが、そのモデルかもしれない。

下駄をとる怪

（絵・萬屋）

夜道を歩いていると、片足の下駄をとる化け物である。被害にあった人が、あわてているところを、さらにもう片方の下駄をとって隠してしまう。

下駄とか靴など履き物は霊的な意味を持っている。たとえば、下駄や靴を放り投げての天気占いは広く知られている。ある地域では、履き物を隠されることは、命にかかわることとされる。呪術の道具とされ、呪殺に用いられることもあった。

また下駄や草履を粗末に扱うと妖怪となり、毎晩、化けて出て「音を立てたり」「声を出したり」するという無気味な話もある。

金の網

（絵・増田）

ある男が調布で遊び、したたかに酒に酔って、すっかり帰りが遅くなってしまった。近道をしようと、いつもと違う道を選んで自宅へと急いでいた。

某所まで歩いてくると、突然、前に進めなくなった。なぜだかわからないが、どうしても前へ行けない。よく見ると、道の真ん中に金の網がある。道の途中に大きな金網が張ってあるのだ。不思議に思いながらも先に行こうとするが、どうにも金の網が邪魔になって進めない。何度も挑戦するがだめであった。結局、朝まで大騒ぎをしていたという。

江戸から明治時代にかけての話である。

袖引き手

（絵・GW）

道端で通行人の袖を引く妖怪だという。深夜、道を歩いていて手が出てきて袖を引いたら、この妖怪である。

袖は意外に大切な場所らしい。人魂などが飛んできた場合には、片袖で一度受けておいて、もう片袖に移し替えて、投げ返せばよいと言われている。また「ない袖は振れぬ」「袖ふれあうも他生の縁」などという言葉もある。人間にとって袖は重要な場所らしいのだ。

似た妖怪には埼玉の「袖引き小僧」、高知の「そでもぎ様」などがいる。現代では晴着を切る「袖切魔」がいるが、これなど「晴着」の「ハレ」に対する「ケガレ」である。

片腕ほしい

（絵・宮守）

江戸末期か、明治の最初の頃と伝えられている。西多摩の某所で土木工事をやっていた。当時としては大規模な工事であったらしい。多くの屈強な若者が工事に参加していた。

ある時、突如岩が崩れ、何人かが生き埋めになってしまった。懸命に助けようとしたが、多くの人間が命を落としてしまった。

その中で、片腕だけを残し、身体の他の部分はすべてつぶされてしまった男がいた。無念であったろう。それ以来、その事故現場では「片腕ほしい～　片腕ほしい～」という寂しげな声が聞こえたという。つぶされた男が残した片腕を求めているのだろうか。

ひがん坊主

（絵・GW）

八王子付近に出た妖怪。お彼岸に出る「つくしの精霊」と言われている。

その姿は、小さい小坊主であり、突如大勢でいっせいに湧き出てくると伝えられている。まるで西洋の妖精のようで、日本での例は珍しい。

なまけ者が家の掃除や、先祖の墓の掃除を怠った場合などには、出てきてかわりに掃除や片づけをするという。西洋の靴屋のお手伝いをする小人のようである。

ひょっとしたら、先祖の霊が子孫のだらしない生活態度を叱りにきているのかもしれない。

コロボックル

（絵・えんら）

立川周辺にはかつてコロボックルがいたという。関東では珍しい例だが、コロボックルの住居と呼ばれる穴が最近まであったという。深さが五〇センチぐらいの小さな穴が無数にあったのだそうだ。

コロボックルとは、かつてアイヌ民族と共存していた謎の小人族である。雨の日は、ふきの葉っぱを傘がわりに歩くらしい。アイヌ語でコロボックルとは「ふきの下の人」という意味である。ある時、アイヌ民族の男と、コロボックルの女性にトラブルが起こり、怒ったコロボックル達は、どこか遠くに行ってしまったという伝説が残されている。

まめいちぼっこ

（絵・宮守）

八王子の古い屋敷にいる小人の妖怪である。この妖怪がいなくなると、その家は運に見放され、没落すると言われている。福の神的妖怪と考えられる。童形であることから、東北に伝わるざしきわらしとも関係があるのかもしれない。

まめいちぼっことは、豆のように小さい子供という意味からきている。どこか妖精のようなかわいい存在である。

立川のコロボックルの伝承と関連づけると、非常にミステリアスである。コロボックルとは、弥生人に追われた縄文人の幻影なのかもしれない。

ふたづかの化け物

（絵・天野）

青梅の「ふたづか」には幽霊や妖怪がぞろぞろ出るという。

たとえば、雨の夜、ある人が「ふたづか」を通りかかると、死人のような青白い顔をした女の人が立っていた。その人は転がるようにして逃げて帰ったという。

また、ある時には、真っ青な親子連れが半透明で立っていたという。

昔はお墓に拝み墓、埋め墓のふたつがあり、埋め墓には遺体を土葬し、拝み墓に拝みにいった。「ふたづか」はかつて埋め墓だったので、遺体から様々な化け物が湧いてくるのだという。

振り袖老婆

（絵・宮守）

牛込での怪異。ある夜のこと、久貝宗佐衛門の屋敷で、何者かが縁側から座敷にはい上がってこようとする。よく見ると白無垢の振り袖を着た老婆である。奇妙に思った宗佐衛門が「何者か」とただすと「昔、ご主人にお手打ちになった腰元です」と涙ながらに答えた。そして「供養してほしい」と言うのだ。

宗佐衛門は一瞬信用しかかったが、よくよく考えるとおかしい。一度死んだ娘が老婆になる、つまり年をとるなどあり得ないと思ったのである。そこで、一刀のもとに切り捨ててしまった。翌日、庭先の熊笹の中から年老いた狸の死骸が発見された。

うぶめ

（絵・うたわん堂）

子供を抱いた女性の妖怪である。

出産の際に死んだ女の亡霊なのか、あるいは母子が同時に命を落としたのかは不明だが、道端や橋の付近に出ては、道行く人に「子供を抱いてくれ」と頼むと言われている。

その赤子は抱いているとだんだん重くなるという。だが、我慢して抱いていると強力が授かるらしい。この妖怪から力を授かったという豪傑は多い。

現代でも、うぶめの目撃談は語られており、足立区の六ツ木交差点では、かつて交通事故の犠牲となった身重の女性の霊が、赤子を抱いて車を止めると言われている。

テッジ

（絵・GW）

八丈島で伝えられる妖怪である。別名でテンジ、テッジメなどと呼ばれることもある。垂れた乳房を両肩にかけ、瘡《かさ》のある老婆の妖怪である。人を神隠しにしたり、山道を一晩中迷わすいたずらをすると言われている。

しかし、親しくなると馬草を運んでくれたりする。また、山中で行方不明になった子供を三日間保護することもあるという。つまり、山姥のような存在である。

かつて日本では「山神」にひかれ、山に入ってしまう女性がいた。山神の巫女《みこ》とも言われる。そんな女性が老いたのがテッジかもしれない。

小仏峠の怪女

（絵・宮守）

江戸を立ち、甲州街道を急ぐ男がいた。小仏峠に差しかかる頃には、夕暮れ時になっていた。

しかし、気持ちの焦り故か、かまわず登ってしまった。すると峠の半ばでとっぷりと日が暮れてしまった。仕方なく男は野宿することにした。

しばらくすると奇妙な女が近づいてくる。この女が近寄ってくると、身体がまるで金縛りにあったように動けなくなってしまった。「おのれ妖怪め」と男は切りかかろうとするが、どうにも身動きがとれない。そうこうしているうちに夜が明けてしまったという。

おうむ岩

（絵・増田）


声をかけると、そのまま答えるという奇石で、一種のやまびこのような石である。ただ答えるだけなのだが、自分の声が深山でリフレインされる恐怖はいかほどであったろう。

岩には人間の怨念や悲しみなどが憑依しやすいようである。まさに自然界の録音ＭＤのようなものであろうか。その岩付近で死んだ人間の声や感情を再生し続けるのである。「夜泣き石」「こそこそ岩」など奇岩伝説は各地に多くあり、人々をおびやかしてきた。

また、山中で名前を呼ばれたり、呼びかけられると命をとられるという考えもある。呼ばわるモノは人間であるとは限らないのだ。

鬼の岩ころがし

（絵・天野）

かつて一大紡績地帯であった青梅には、山裾に多くの紡績工場があった。そこには、大勢の年若い女工さんが働いていた。彼女達は大部分が親元を離れ、寮に入っていたのだが、その寮は山の斜面にあった。

寮の近くの坂道では、休日になると、山頂からものすごい音を立てて巨大な岩が転がってきたという。その岩の落下は、昼となく、夜となく続いた。

女工達は「鬼が山頂から岩を転がしたのだろう」とささやき合い、恐怖に震えたという。

なぜ鬼が岩を転がすのかは不明だが、戦前まで出ていたという妖怪現象である。

ごぜ岩

（絵・萬屋）

奥多摩町の峰という集落は、今では廃村になってしまっている。その近くにあった岩に起こった怪異現象である。

旅の芸人一座とはぐれてしまったごぜが、峰の集落近くの山中をさまよっていた。ちょうど通りかかった猟師に道をたずねたところ、猟師はいたずら心から間違った道を教えた。ごぜは、教えられたとおりに山を登っていった。気の毒にも、さらに深く道に迷ったごぜはそのまま遭難し、絶命。それ以来、ごぜが亡くなった岩のあたりでは、ごぜの亡霊が奏でる悲しい三味線の音が聞こえたという。

人々はこの岩を「ごぜ岩」と呼んだ。

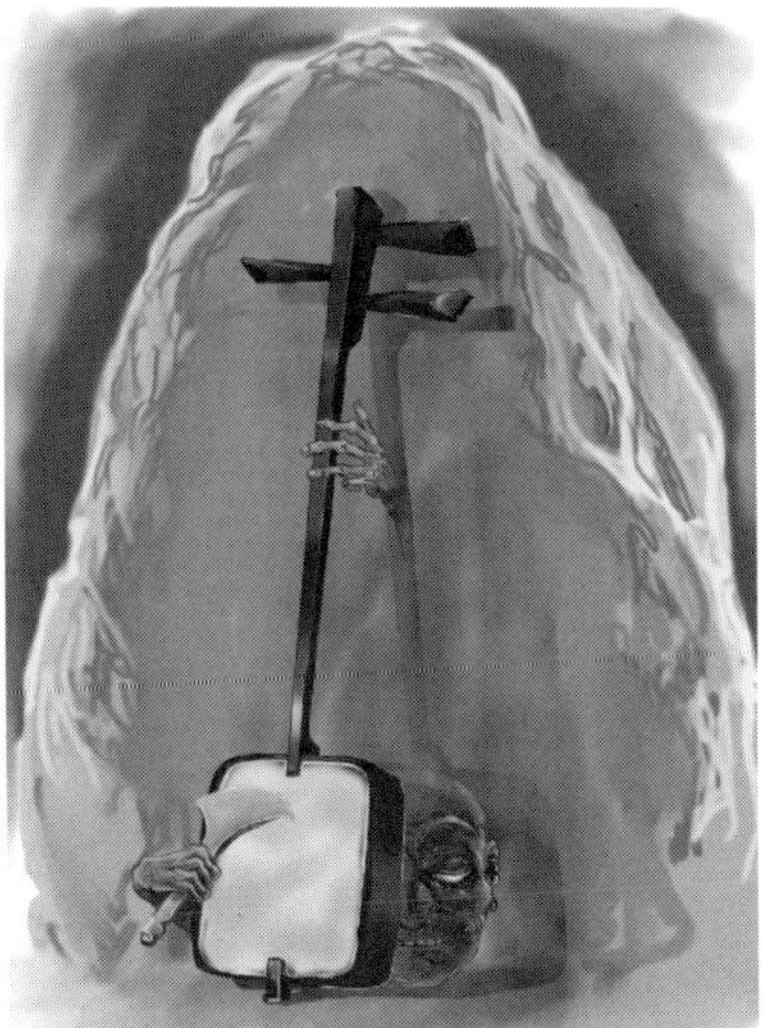

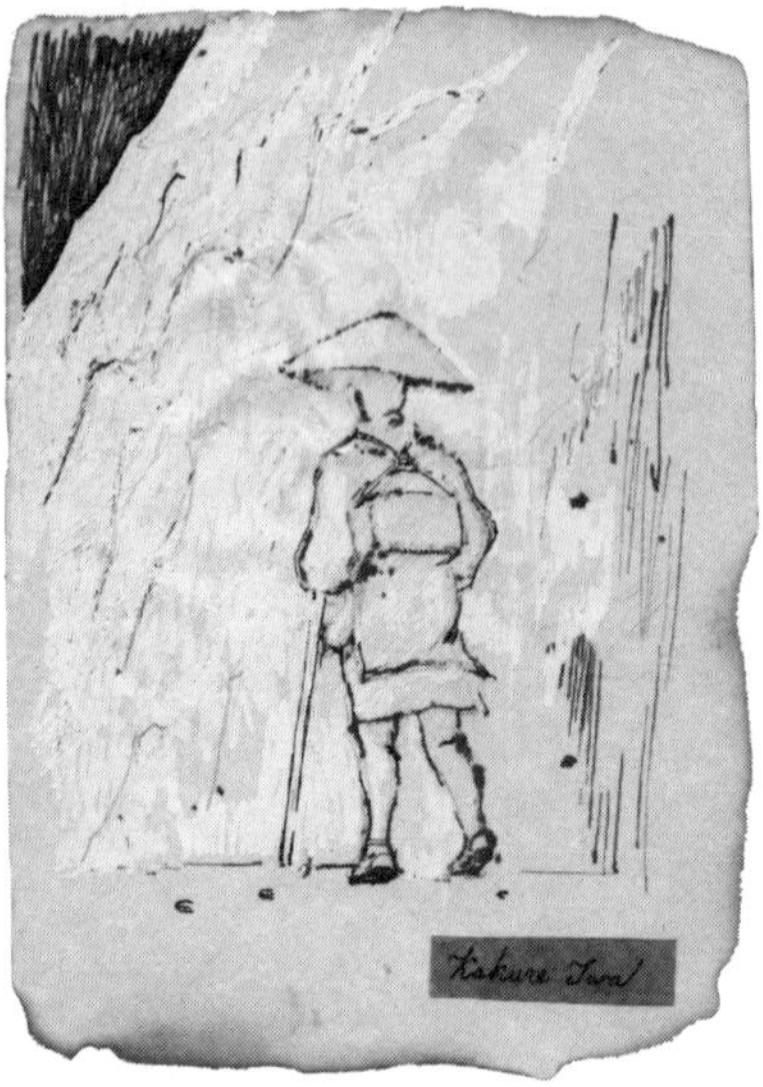

かくれ岩

（絵・天野）

かつて、青梅に実在した白い色をした奇岩である。

街道沿いにあるため、その岩の前を人がよく通る。遠くから見ると、その通る人の姿が、岩にとけ込んでしまったように見えるのだ。まるで、姿が消えたように見えるため、「かくれ岩」という名前がついた。

特に洋服が消えたように見え、顔と手足のみが歩いていくようにも見えたという。何やらユーモラスで楽しげな妖怪岩ではある。

岩には長い長い時間の蓄積がある。人の悲しみや悩みをかぶせられ、人の呪いを記録するのが岩という存在なのかもしれない。

忠右衛門の岩

（絵・増田）

江戸時代の中頃、忠右衛門という人が青梅にいた。その人を頼ってある医者がやってきた。忠右衛門はその医者を近所で開業させてあげた。医者には大柄な息子がいたのだが、息子は跡を継がず、坊主になってしまった。その後、医者も死に、家もつぶれてしまった。また忠右衛門も死に、息子の代になった。

二代目忠右衛門が、医者の家が一望できる岩を通りかかったところ、大柄で血だらけの衣を着た坊主の亡霊が医者の家を見つめているのを目撃した。医者の息子がどこかで変死したに違いない。それ以来、その岩を「忠右衛門の岩」と呼び、ねんごろに祭ったという。

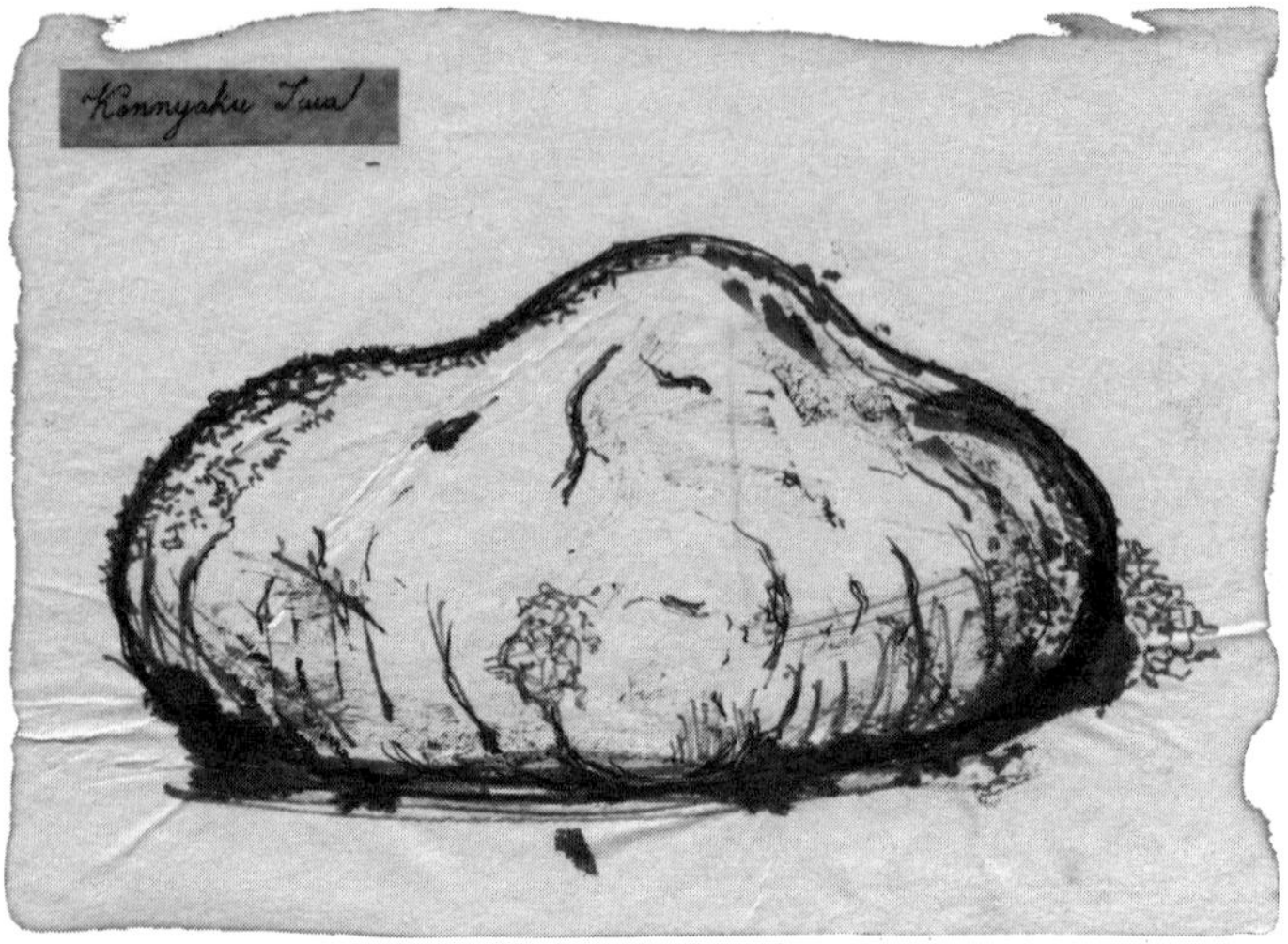

こんにゃく岩

（絵・天野）

青梅から日の出に抜ける山中にある奇岩のことである。

沢沿いに山道を五〇〇メートルほど入ったところにある、幅一五メートルぐらいの大きな岩で現在も存在するらしい。

二月八日の深夜に、ぐにゃぐにゃにやわらかくなり、わらを刺してもささるという。まるでこんにゃくのようにやわらかいことから、「こんにゃく岩」と呼ばれている。

一説には十二月三十一日の大晦日にやわらかくなるとも、毎晩やわらかくなるとも言われている。不思議な軟体現象が起きる日付けには諸説があるらしい。

天狗さらい

（絵・えんら）

天狗は時々人をさらうという。高尾山など天狗の多い場所では珍しいことではなかった。

ある人が行方不明になり、皆で探したところ、バラバラの遺体となり、木に吊されていたという。普段、天狗は人間を殺傷することはないのだが、一度怒りに触れると、このように殺される場合もあったという。

また江戸期に評判になった「天狗小僧寅吉」は、天狗にさらわれ、天狗界で修業し、不思議な知識を会得して帰ってきたという。その体験は多くの本に記載されているが、どれも不思議なものである。米国でのＵＦＯの人さらいと一致するのも興味深い。

天狗吊し

（絵・GW）

高尾山にいたずらものの天狗が住んでいた。たいした悪さはしないが、通りかかる人を木の上に吊してしまうといういたずらをよくやったと伝えられている。

その天狗をこらしめようと、日本一剣術が強いという侍が、天狗退治に挑んだが、翌朝見事に「天狗吊し」にあっていた。

次に日本一の怪力であるという力士が天狗退治に挑んだが、やはり翌朝、木に吊されていた。さらに、日本一足の早いという飛脚が天狗退治に向かったが、これまた翌朝見事に「天狗吊し」にされていた。

人間は天狗にはかなわないようである。

人食い松

（絵・増田）

かつて渋谷にあったと言われる、たたりのある植物のことである。

この松に、触れた者は確実に死に至るという恐ろしい伝説があった。多くの者が命を奪われたが、現在は切り倒されて跡形もないという。

どの町にも、この手のたたる木が一つはあるものである。人が首をよく吊る木や、切ると血が出る木などがそうである。浦安には「化け松」という化け物植物があった。この松の上からいろいろなものが下がったと言われている。タンスなどの家財道具が急に上からぶら下がり、道行く人をおどかしたという。

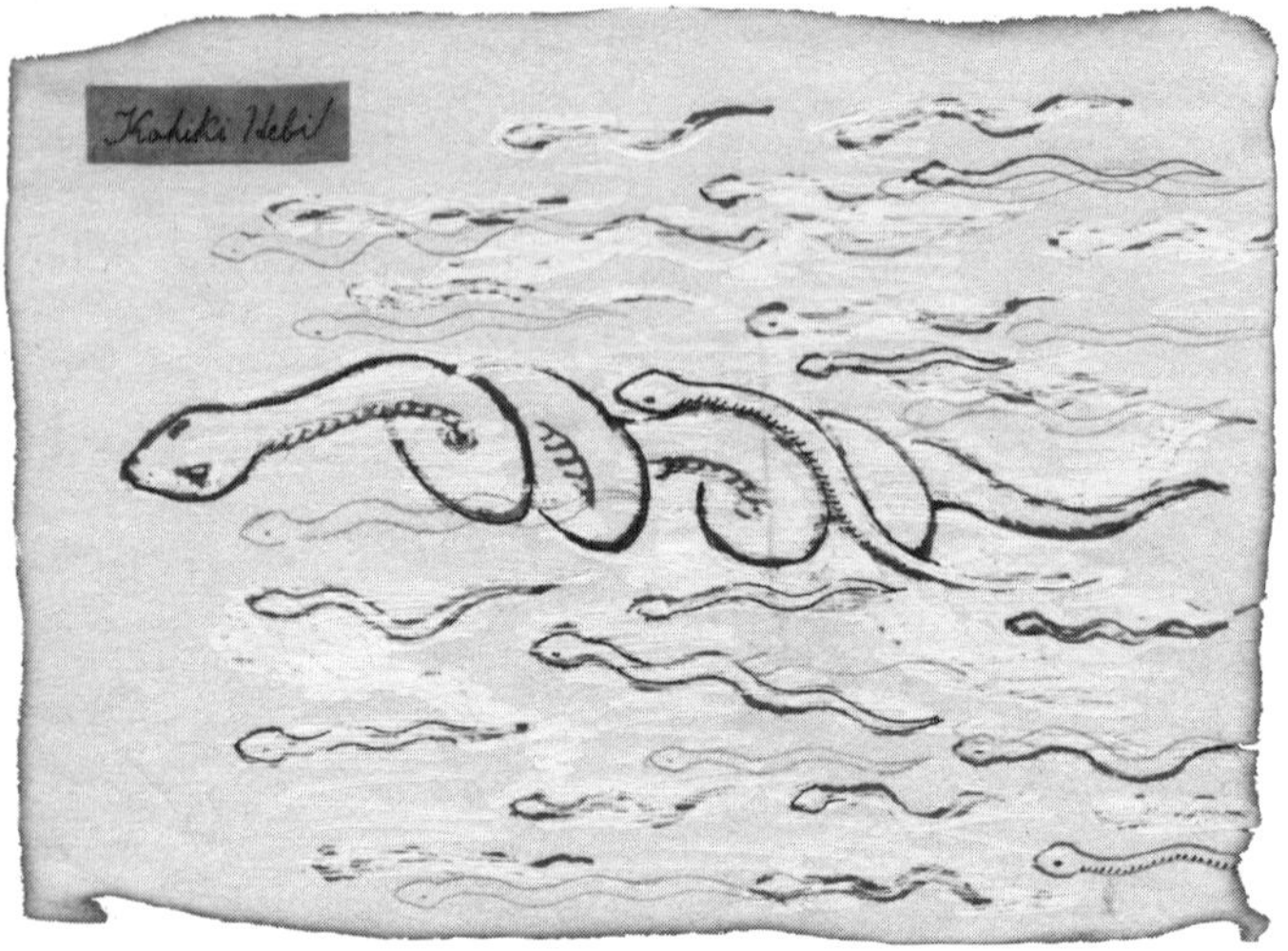

こひき蛇

（絵・天野）

青梅の山中に出た、小さな蛇を多数率いてはい回る奇妙な蛇の怪異である。

その姿が、まるで親が子供を率いているように見えるため、「こひき蛇」と呼ばれているのだ。

蛇は様々な化け物として、多くの奇談で語られている。青梅の某旧家には、全体が黒く、首に黄色の模様がついた蛇が棲《す》んでいるという。何代も前から、まるで家族のように棲みついているらしい。

蛇は先祖の霊であるという説もある。また金銀に執着した浅ましい心も、蛇身になると言われている。

水の巻

河童

（絵・増田）

江戸時代、現在の東京各地には多くの河童が出たと言われている。人と相撲をとったもの、馬を川に引き込んだもの等々、水の町江戸は河童の町でもあったのだ。しかし、江戸時代の多摩川は流れが早く、河童はあまりいなかったそうだが、流れが遅くなる青梅の権左淵には棲息していたという。

多摩川のほとりに生まれた土方歳三の先祖は、河童から「河童の傷薬」の製法を伝授された。土方は武者修行時代、道場破りをやっては、その自家製の傷薬を相手に売りつけたという。剣の修業と家業の手伝いを同時にやったわけだ。剣豪の意外な一面である。

雪女

（絵・宮守）

中野や八王子、青梅にも伝承が残っている雪の妖怪。出会ったものを凍死させると言われている。雪の精霊の一種なのかもしれない。

八王子にはこんな話が残っている。ある婆さまが雪の日に、外にぽつんと立つ女の子を助けた。哀れに思った婆さまは、女の子を家に招き入れ、囲炉裏にあたらせ食事をとらせた。風呂に入れてやろうと婆さまが薪をとりにいった間に女の子はいなくなってしまった。

そしてある日、隣村からの帰りに吹雪にあった婆さまが難儀をしていると雪女が現れ、娘を助けてくれたお礼だと、道案内をしてくれたという。

磯餓鬼

（絵・増田）

八丈島の海辺で憑依するという化け物。こいつに憑かれると急激に空腹を感じ、すさまじいまでの飢餓感で身体が動かせなくなるという。つまり、餓鬼が身体に憑依し、人間を飢え死にさせてしまうのである。磯に棲む餓鬼なので「磯餓鬼」という名前がある。

海で難破して死んだ者の霊が餓鬼となってさまよっているのか。海辺に住んでいた者が、餓死し、その亡魂が餓鬼となったのか。そこらは不明であるが、八丈島の住民はこの憑き物をひどく怖れたと言われている。

通常の「餓鬼」は山や道に出るものだが、八丈島では海辺が境界であったのだ。

赤子橋

（絵・天野）

かつて日本が貧しかった時代、子供が産まれても育てられず、泣く泣く川に流したことがあった。橋から川に流された子供の無念の気持ちと、苦渋に満ちた母親の気持ちが融合し、朝となく昼となく、その橋から悲しげな赤子の泣き声が聞こえたという。

その橋を渡る子供は赤子の化け物に魅入られると言われ、子供達は、息を止めて一気に橋を渡ったという。また、橋のすき間から水面が見える箇所があり、勇気ある者は赤子の声の主を確かめようとしたこともあった。

その橋は現在でも、青梅美術館近くの交差点に欄干が保存されている。

おいてけ堀

（絵・宮守）

本所七不思議の一つである。

よく魚が釣れる堀があった。そこで大量の魚を釣って上機嫌で帰ろうとすると、「おいてけ〜、おいてけ〜」という不気味な声が堀の方から聞こえる。まさか空耳だろうと無視していると、今度は身体が金縛りにあってしまうのだ。そして、無理して逃げようとしても、そのうち魚篭《びく》に入った魚をすべてとられてしまう。

千住にある「おいてけ堀」は三匹返すと許されるらしい。欲張った釣り人は妖怪から襲われてしまうのかもしれない。水中の魔物は時に人に声をかけるものである。

おりん淵

（絵・天野）

かつて、青梅におりんさんと呼ばれる女性が住んでいた。真面目に懸命に暮らしていたが、ある時、大きな不幸に見舞われた。彼女は、苦しみ、そして悲しんだ。最後には世をはかなみ、多摩川の流れに身を投げたという。
それ以来、深夜におりんさんが身を投げた付近を通りかかると、水の流れる音に混じって「しくしく、しくしく」と、すすり泣く女の声が聞こえたという。恐ろしく、夜には誰もその現場に寄りつかなくなった。地元の人々は「おりんさんの霊が泣いている」とささやき合い、同情したという。その身投げした淵を「おりん淵」と呼んでいる。

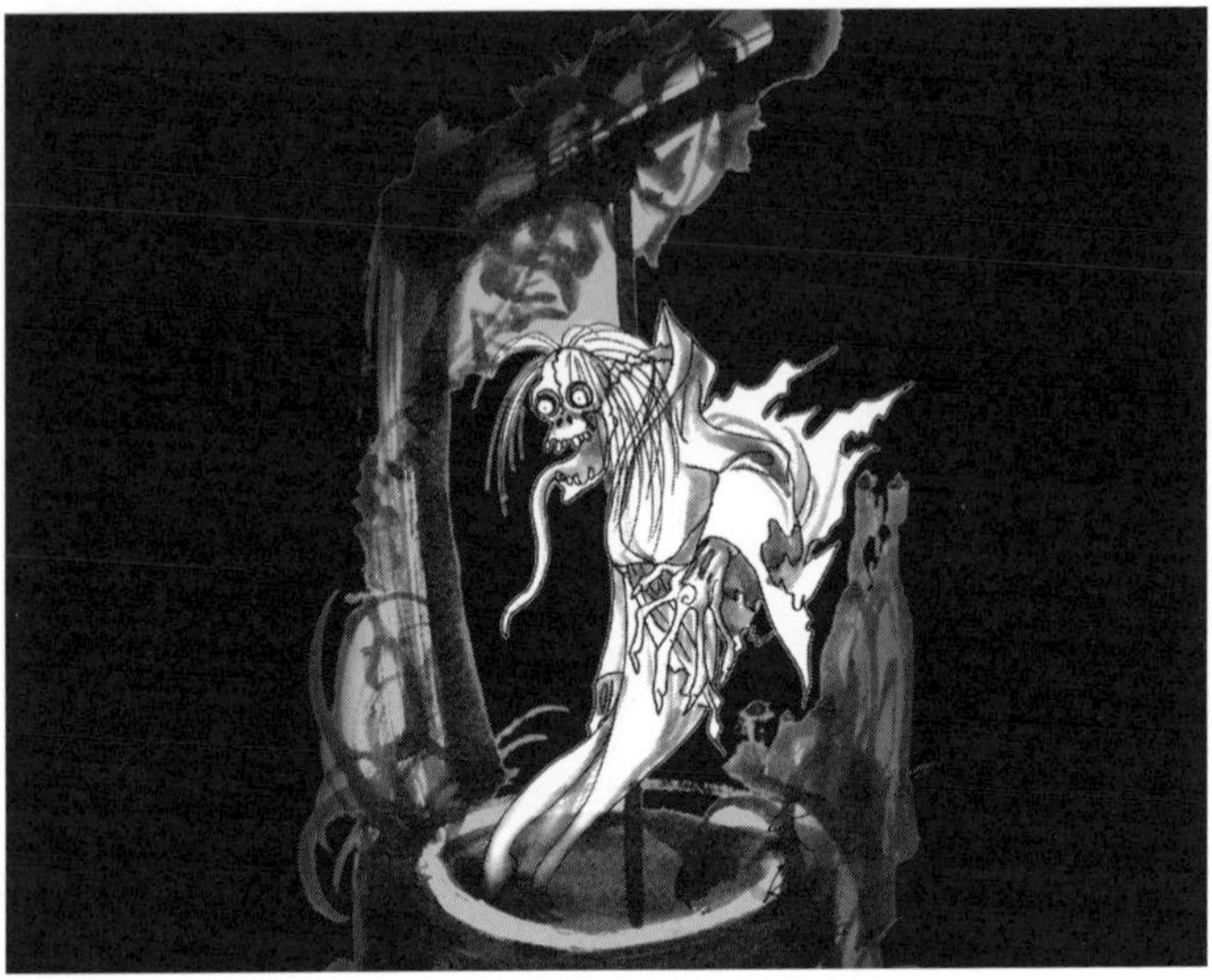

死神井戸

（絵・GW）

この井戸の水を飲むと死んでしまうという呪いのかかった井戸。八王子に、この恐るべき井戸が実在したらしい。

井戸は魔界への入口とされ、小野篁《たかむら》は井戸を降りて地獄と現世を行き来したと言われている。水が湧き出る、密閉された井戸という空間は、怨念が残りやすいのかもしれない。

またよく井戸には「井戸神」というものがいると考えられた。都内の某家は明治からある井戸を埋めたところ、なぜか家族が次々に病気となった。これは、「井戸神」の供養をせずに、井戸を埋めたからであろうと言われている。

皿かぞえ

（絵・宮守）

江戸番町に、彦根藩の江戸屋敷があった。そこには、若様と公認の仲であった腰元の女性がいた。二人は大変愛し合っていたのだが、その女性は男の自分への愛を確認するために家宝の皿を故意に割ってしまったのだ。

最初は単純な手違いだと思って許していた男も、自分の心の中をはかるために割ったと聞き、激怒した。自分の気持ちを疑われたことが許せなかったのだ。女は手打ちとなった。

それ以来、女が皿を数える声が、井戸の中から聞こえたという。

通常聞く「皿屋敷」の話とはやや違うが、女心の難しさを感じさせる話である。

おかむらっこ

（絵・天野）

多摩川添いに出た女の妖怪。大正時代、渡し船の船頭の家に生まれた少年は、親の働く多摩川沿いの船小屋に遊びに行きたかった。しかし、親からは「絶対に近づくな」と止められていた。

船小屋の付近には「おかむらっこ」という女の化け物が出るからだという。

水死した女の霊体かもしれないが、どういうことをするのか、詳細は不明である。

なお、絵画でのみ伝わっているのだが、川べりに出没し、長い髪の毛を振り乱し、男にしがみつく「おかんじょろう」という女の妖怪がいる。何か関連があるのかもしれない。

川女郎

（絵・宮守）

多摩川に出たと言われる女の妖怪。美しい長い髪をしており、川辺でその髪を洗う姿がよく目撃されたと言われている。

ある目撃者によれば、少年時代、多摩川で髪を洗う怪しい女に出会ったという。その女の周囲に漂う不思議なムードに、少年が興味を持って見つめていると、少年の存在に気づいた女は、にやりと笑った。そして、「ぼー、おいで」と少年を、やさしく川に誘ったという。これが「川女郎」という女怪である。

川や橋には女の妖怪が棲みついていることが多い。「水もしたたるいい女」とは川女郎のことかもしれない。

子抱き雪女郎

（絵・宮守）

青梅の男井戸女井戸という弘法大師伝説の残る史跡に出たという雪女郎である。

普通の雪女郎と違って、子供を抱いた状態で出現する。目撃者によると昭和まで出ていたという。

他の地方に出た子供を抱いた雪女は、子供を人間に抱かせ、そのまま凍死させるという凶悪な行為を行う。この子抱き雪女郎は、どうだったのだろうか。

この男井戸女井戸には「小豆洗いの女」「小豆婆」も出たと言われている。同じ場所で三匹の妖怪が目撃されるとは非常に貴重な怪奇スポットである。

口裂け雪女郎

（絵・GW）

青梅での目撃談である。日露戦争が激化しようとしていた当時、雪深い道を帝国軍人がマントをなびかせて歩いていた。すると前方から長い髪の女が歩いてきた。二人がすれ違った瞬間、軍人の目にその女の美しい髪が飛び込んできた。心を奪われた軍人が「はっ」としてすれ違った女を振り返ると、その女も、同じように振り返ったという。

しかし、振り向いた女の顔を見た軍人は恐怖に震えた。その女の口は、耳元まで裂けていたのだ。そして、女はその口でにやりと笑ったと言われている。人々は口裂け雪女郎だとうわさし合ったという。

雪座頭

（絵・天野）

青梅で出た、尼僧の姿をしているという雪女。女性なのに「座頭」とは違和感があるが、かつて青梅では頭を丸めた者を、すべて座頭と呼んだことがあったらしい。

ある村の人妻に夢中になった僧が過去帳などをすべて焼き払い、その人妻と逐電した。それから数十年たった頃、村に尼僧姿の女が訪ねてきた。彼女の話だと、自分はかつて僧と駆け落ちした人妻であるという。たまたま村人が多忙な時だったために、あまり気にもせずにおいたところ、かき消すように姿を隠したという。人々は「あれが雪座頭だ」とささやき合った。

ざくざく婆

（絵・好翁）

西多摩に出た音の妖怪である。川辺で、小豆を「ざくざく、ざくざく」と洗うと言われている。老婆の妖怪であり、「小豆婆」と近い種類の妖怪らしい。

深夜に「ざくざく」という音が聞こえても、追いかけたり、音の出所を探してはいけない。その音は妖怪「ざくざく婆」が、出している音なのかもしれない。川辺には多くの妖怪が住んでいる。迂闊に近づくと妖怪の罠にはまるかもしれない。

ある妖怪研究家によれば、夜に「ザクザク」という音をさせる妖怪で「穴ほり男」というのもいるという。

小豆さらい

（絵・えんら）

全国的に「小豆あらい」と呼ばれる妖怪の仲間である。立川の一部の地域では「小豆さらい」と呼ばれた。

深夜、川などの水辺で「さらさら、さらさら」と小豆をさらう音がする。さらうとは、小豆を水に浸して洗うことである。

小豆洗いの音の出所を調べてやろうと、いくら音に耳を澄ましても、場所の特定はなかなか難しいそうである。

時々歌もうたうという。

「小豆とごうか、人とって食おうか　しょきしょき」

なんとも不気味な歌詞ではないか。

こんにゃく婆

（絵・うたわん堂）

秋川に出た老婆の化け物で、橋の近くに現れる妖怪である。

手が自由に伸び縮みして、逃げまどう人間を捕まえると言われている。また、舌も自由に伸びると言われていて、捕まえた人の頬を「べろりべろり」となめるらしい。なめられた頬はくさってしまうとも伝えられている。地元の子供には非常に恐れられた。

手や舌が、まるでこんにゃくのように自由自在に伸びることから「こんにゃく婆」という名前がある。

手が伸びる「手長婆」という女妖怪がいるが、舌まで伸びるのは珍しい。

調布橋の怪

（絵・天野）

青梅駅から一五分程の場所に調布橋という橋が今もある。かつての調布村の地名を残した橋だが、この橋は人を黄泉《よみ》へと誘う橋であると言われている。

第二次世界大戦中のことである。近所の人達の万歳の声で送り出された新兵さんが、健康問題などの事情で、一日で除隊となることが時折あった。地元から盛大に送り出されておいて、一日で帰ることはさぞ恥ずかしかったろう。悲観した新兵で、自宅に帰ることなく、調布橋から身投げした者もいた。多い時は月に四〜五人もあったという。橋は魔界との境界であるとも言われている。

ヒトガタ船

（絵・萬屋）

陰陽道などで、人に憑いた疫をヒトガタに込め、燃やしたり、水に流したりすることにより、汚れを払うことがある。

多摩川に流されたヒトガタは人間の汚れや不幸を乗せて海まで流れていったという。

時々、厄払いで流されたヒトガタの船と怨念が膨大な固まりとなり、巨大なヒトガタ船となって釣り人を襲うことがあるという。

靄《もや》の中から巨大なヒトガタ船が姿を現したら、すぐさま逃げないと命を落とすとも、不幸になるとも言われている。他人が流した疫を背負ってしまうのである。

精霊流しなども同様の習俗である。

安宅丸

（絵・好翁）

まるで自分の意志があるかのような奇怪な船である。

豊臣秀吉が造船したとも、北条一族が造船したのを秀吉が押収したとも伝えられる。その後、家康の手に渡り、江戸に曳航された。この安宅丸《あたかまる》は人の心を読むことができるらしく、悪人が乗り込むと唸り声をあげて乗船拒否をしたという。

元々は伊豆で造船された船なので、故郷を懐かしむあまり、「伊豆に帰ろう～」と不気味な声をあげたりして、人々を震撼させた。あげくには、自分の意志で逃走し、三浦で拿捕されたという。

ねんねろよ

（絵・好翁）

東京湾上に出た女の妖怪である。江戸から明治にかけて、多くの漁師を恐怖に陥れた。子供を抱いて海上をすーっと音もなく移動し、そのまま、船に乗り込んでくるという。そして子供を差し出すと「この子を抱いておくれ」と気味悪く頼むのだ。まさに海上の産《うぶ》女《め》である。

その正体は、海神の怒りに触れ、船から海に放り込まれて死んだ女の霊とも、入水した女の霊とも言われる。ねんねろよは、江戸湾中で暴れまくり、千葉、横浜の漁師も怖れていたという。本来は航海安全の守神であるフナダマが妖怪化したものかもしれない。

水鼠

（絵・GW）

奥多摩に出る不思議な鼠である。多くの釣り人に目撃されており、その存在は奥多摩で釣りを楽しむ人の間で、伝説のようにささやかれている。

水中に棲む鼠で、まるで魚のように水中を素早く移動するので、よく魚と誤認される。水中の岩の下から岩の下へ、あっという間に泳いでいくので、その姿を確認するのはかなり困難であるという。

また、この鼠は釣り人から釣りの運気を奪うとされ、この鼠が出た日の釣りの成果はさっぱりであると言われる。ひょっとしたら新種の生物なのかもしれない。

万歳楽

（絵・増田）

正徳二年（一七一二）、江戸深川でとれた奇妙な姿をした魚。長さ七尺、頭は鼠、目は赤く、全身に毛があり、ひげもはえており、尾は燕のようであったという。

誰もその名前を知らず、江戸城に滞在中の公家である近衛前摂政公、九条左大将師孝卿が、この魚に「万歳楽」という非常におめでたい名前をつけるように進言している。

この手の奇妙な魚がとれることは不吉な事件の前兆とされ、当時の人はいやがったものである。名前をおめでたくすることで、不吉の前兆を幸せの予兆に変えようと、公家達は図ったのかもしれない。

うなぎの怪

（絵・えんら）

江戸時代も今と同じく、うなぎは庶民の人気の食材であった。あるうなぎ職人が大きなうなぎをさばこうとしていたがうまくいかない。そこでうなぎ屋の主人が職人にかわって、「もうおれは家業をやめるから、お前もおとなしくしてくれ」と言ったところ、うなぎはおとなしくさばかれた。しかし、主人にはうなぎ屋をやめる気などさらさらなかった。

その夜、職人が生け簀に行ったところ、うなぎがまるで蛇のように鎌首をもたげいっせいに睨んだのである。恐怖のあまり職人は発狂し、遁走した。主人も驚き、商売替えをしてしまったという。

うびと

（絵・うたわん堂）

江戸期まで、多摩川では鵜を使った漁が盛んであった。沿岸の漁師の多くが鵜を飼い、毎日のように魚をとり続けた。その中に、多数の鵜をこき使って莫大な収入を得、羽振りのいい漁師がいた。

そんな強欲な漁師にも、かわいい子供がいた。ところがある日突然、その子供の口がとがり始めた。日増しに口はとんがってくる。まるで鵜のようになったのである。そして、しまいには生魚を飲み込み、動きや姿もすっかり鵜のようになってしまった。人々は鵜の呪いとうわさし、以来多摩川での鵜漁は急速に衰えたと言われている。

川天狗

（絵・天野）

川に棲む妖怪。たいした悪さはしないが、多摩川で魚をとっている釣り人の魚篭から魚を盗んだりする。時には、「川天狗の火」という怪火を操り、人を驚かすという。

川釣り好きの男二人組がいた。ある日、早朝暗いうちから、奥多摩の絶好のポイントに着き、釣りを始めた。しばらくすると、川の向こう岸で水面を叩くような奇妙な音がする。気にしないでそのままにしておいたところ、今度は人の話し声のようなものが聞こえた。そのうち、水面を火の玉が転がり始めた。驚いた二人は大急ぎで逃げ出した。もう二度とその場所には行きたくないという。

琴ケ浦の怪

（絵・天野）

多摩川沿いの岸辺に「琴ケ浦」と呼ばれる場所がある。この名前の由来は、源平時代までさかのぼると言われている。

かつて源氏との戦に敗れ、青梅まで落ち延びてきた平家の落武者がいた。その武者は、音楽をたしなむ人で、戦いの最中も琴を持ち歩いていた。しかし、追手も迫り、その武者は、もはやこれまでと自分の命運を悟った。そして、武者は自分の愛した琴を、自らの手で多摩川の淵深く投げ入れた。

武者の無念の気持ちが乗り移ったのだろうか。それ以来、琴が投げ込まれた淵に立つと、川の底から琴の音が聞こえるようになった。

火の巻

青行灯

（絵・宮守）

「百物語」という、魔性のものを見るための怪談の会合がある。百本の蝋燭《ろうそく》（あるいは灯心）をともし一話ずつ怪談を語っていき、百話が終わり、最後の一本を消した時に怪現象が起こるというのだ。ちなみに行灯《あんどん》に青い紙を貼るという作法もあり、すべての怪談が語り終わられたあとに、行灯の後に化け物が立つという。この化け物を青行灯という。

江戸時代の人々は、この化け物を恐れ、怪談を語るのを九九話で終えたという。現在でも、怪談話や幽霊話をしていると、幽霊や妖怪が近づいてくると言われている。怪異を語ることは、怪異を招くことなのかもしれない。

へっついの怪

（絵・好翁）

所は改代町（現在の新宿区）。ある男が道具屋で古いへっつい（竈《かまど》）を買った。買って二日目の夜、その竈から汚ならしい法師が、はい出ているのを目撃した。翌晩も出てきた。化け物が潜む竈であったのだ。気味悪く思った男は古道具屋で違う竈と交換した。その後、男の友人が購入したが、同じように化け物が出たので再び道具屋で交換したという。

店の親父が持ち帰って試したところ、やはり化け物の法師が出てくる。古道具屋がその竈を打ち壊したところ、中から五両の金子が出たという。竈に金を隠した法師の念が化けたものであろう。

送り提灯

（絵・宮守）

江戸本所七不思議の一つである。深夜、提灯を持たずに歩いていると、前方にぽつんと一つ提灯の火が現れる。

あれはなんだと思っていると、まるで道案内するかのようにその人の前を飛ぶ。時々灯がついたり、消えたりするが、いつまで追いかけても追いつかない。これが「送り提灯」と呼ばれる怪火である。また別名を「一つ提灯」とも言われる。

なお向島には、牛島神社の加護であるとされる「送り提灯火」がある。これは、闇夜に提灯を持たずに歩いていると、足もとを照らしてくれると言われている。

灯り無し蕎麦

（絵・宮守）

これも本所七不思議の一つである。灯りもなく、人もいない不気味な蕎麦屋の怪異であり、深夜に出ると言われる。

真っ暗闇で出会う店の灯には、ほっとさせられるものがある。化物屋敷や幽霊出現のうわさがたえなかった江戸の町では、これほど頼りになったものはなかったろう。ところが、灯りがついてない上、人っ子一人いないのだ。

ある男が蕎麦を食べようと、親切にも灯りまでつけてやって待っていたが、主人は帰ってこない。仕方なく家に帰ったところ、家庭で不吉なことが起こったという。この灯りは、つけてはいけない灯りなのかもしれない。

てんの火柱

（絵・増田）

てんはよく人を化かすことがあったと言われている。変化する能力に優れているらしい。「狐の七化け、狸の八化け、てんの九化け」と呼ばれており、その能力は狐狸をしのぐと言われている。

また、青梅の伝承では、てんは「火柱」を操ると言われている。深夜に炎の柱が高く上がったら、てんの仕業かもしれない。

そして、その火柱は火事の予兆とされ、火柱の倒れた方角には火事が起こると言われている。

また青梅には「てんまる」という、てんが年を経て成った妖怪が伝わっている。

狐火

（絵・宮守）

狐火は、最近まで多く目撃者が出ている。狐がどのように火を出すのかは不明である。ただ、狐が墓場から剥き出しになった人骨を食う際に、骨から出たリンが光るとも言われている。

ある人の目撃談である。夜、怪しい火が見えるので近くまで行ってみた。すると、その光は一匹の狐から漏れているようである。よく観察してみると、狐の口から泡が出ている。その泡が光っており、狐が動くたびに怪火が飛んでいるかのように見えたという。

とかく狐狸は、怪しい光や火を操ると言われている。

狐の花火

（絵・GW）

昭和の初期頃まで、西多摩で時折見かけられた不思議な現象である。単体の火の浮遊する通常の狐火とは違う。

この怪火は、仕掛け花火の「ナイアガラの滝」のように、火のシャワーのようなものが、滝の水のごとくいっせいに降り注ぐ怪火現象なのである。

化け狐のいたずらであるというが、見た者は、その美しさにしばし言葉を失ったと伝えられている。似た妖怪現象に「天狗の花火」というものがある。浮遊する火も怖いが、広い範囲で滝のように降り注ぐ火の祭典も不気味なものであろう。

狐の嫁入り

（絵・宮守）

狐火が行列となり、山中や寂しい草原を、ゆらりゆらりと歩いていく怪火の集団を「狐の嫁入り」という。

実際に狐が嫁入りしたのかどうかは不明であるが、小雨がしとしと降る夜などに多く目撃された。山を段々と狐火の行列が登っていく場合や、消えたり、ついたりしながら、移動する場合がある。神秘的なムードが漂う怪火現象である。青梅では、近年でもこの現象が目撃されており、目撃者も存命である。

黒澤明監督の映画『夢』で「狐の嫁入り」が映像として再現されたが、見事な演出で表現していたのが思い出される。

五位鷺の怪

（絵・好翁）

多摩川にはかつて多くの五位鷺《ごいさぎ》がいたという。

通常、鳥は夜間は飛行しないものである。しかし、五位鷺の中には、発光しながら夜間に飛ぶことができる化け物のようなやつがいたらしい。また、時には口に燃える木の枝をくわえて飛行することもあったらしい。妖力を得た五位鷺は口から光る炎を吐くとも言われる。当時の人々は「五位鷺の火」と呼んで、怖れたという。

五位鷺が多摩川の水面に向かって、口から青い火を吹いているのを見た、という目撃者もいる。

とぼーん

（絵・えんら）

高尾山の、ある峠に伝わる話である。その峠に化け物が出るといううわさが立った。何しろ白く光る化け物が「とぼ〜ん、とぼ〜ん」と叫びながら追いかけてくるというのだ。

ある村の若者がこの化け物の正体を確かめようと峠に乗り込んだ。すると、峠の向こうから「とぼ〜ん、とぼ〜ん」という声が聞こえてくる。若者は腰を抜かすぐらい仰天した。その声と一緒に白く光る球形のものが迫ってくるのだ。若者は夢中でその光るものを風呂敷に包んで逃げ帰った。家に帰ってみるとびっくり。風呂敷の中にはちょうど十盆（二五〇両）のお金が入っていたそうである。

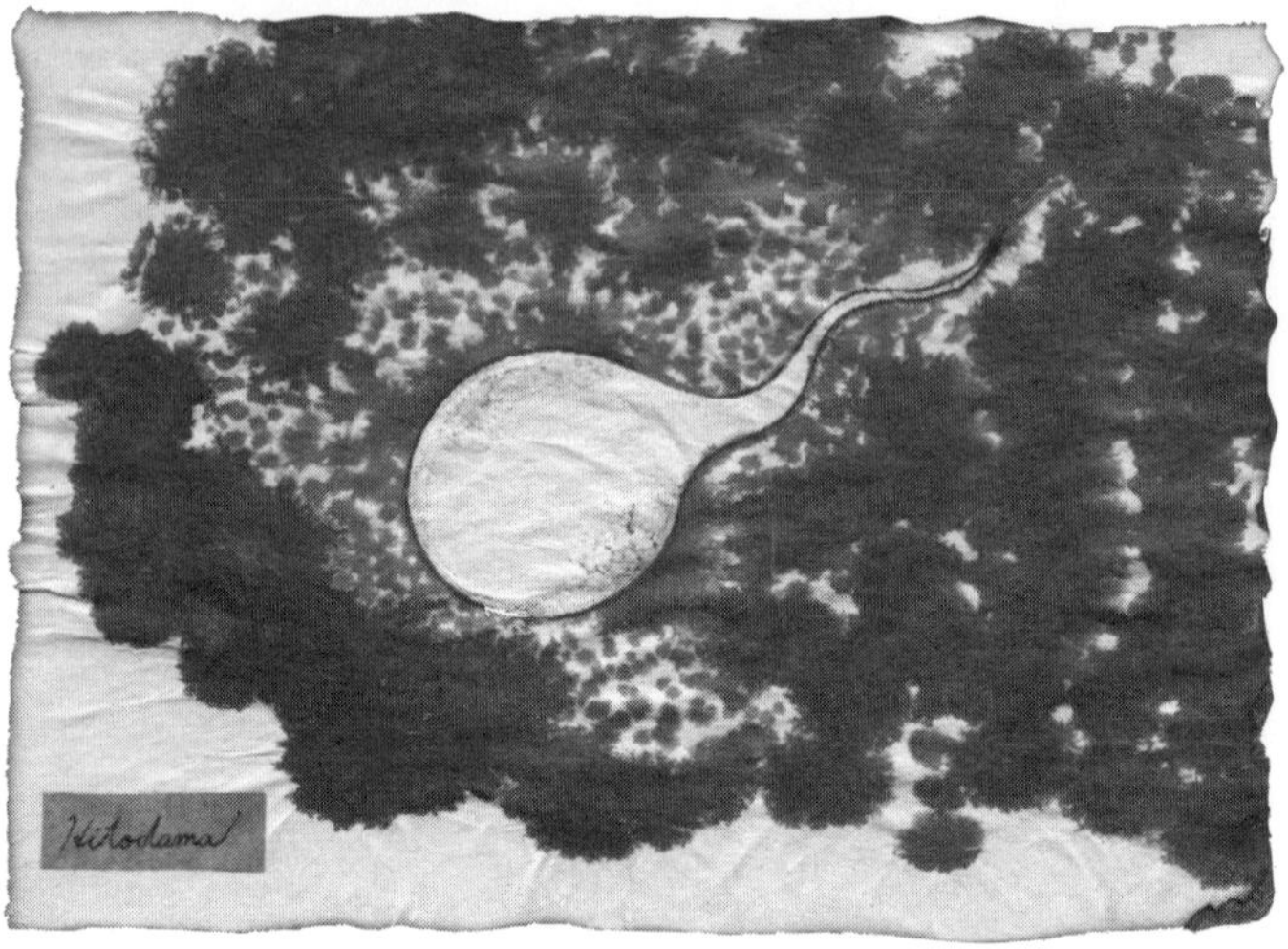

人魂

（絵・天野）

昭和三十年代頃までは、東京でも時折「人魂」が目撃されたという。「人魂」は、人の魂とも言われている。

青梅でのことである。ある雨の日、一人の坊主が傘をさして、寂しげな道を歩いていた。ふと前を見ると人魂がふわりふわりと自分に向かって飛んでくるのだ。このままでは人魂とぶつかってしまう。坊主は恐怖のあまり、傘を人魂に向けて広げた。すると奇妙なことに人魂は傘に沿って、二つに分断され、二個の人魂となって飛んでいったという。

傘を見てみたら、人魂とぶつかった部分に泡のようなものがついていたという。

風の巻

かまいたち

（絵・増田）

二〇年以上前のことである。Aさんは青梅の某所に勤めていた。その職場の上司が外回りから帰ってきた。見ると足に傷を負い血を流している。突如、肉が切り裂かれたというのだ。痛みもほとんどないという。職場の人々は「かまいたちに襲われ、傷を負ったのだ」とうわさし合った。

また、Bさんは、少年時代、友人と遊び回っていた。夢中になって近所の神社へ駆け上がったところ、足に違和感を感じた。見てみると傷口ができている。血は出ているが、たいして痛くない。かまいたちに傷をつけられたのだ。今も足に傷跡が残っているという。

大楽寺の風

（絵・萬屋）

蒲田の大楽寺ではかつて悲惨な事件があり、命を落とす人が出たという。それ以来、大楽寺から「なまあたたかい風」が吹いたと言われる。この風に当たると病気になると恐れられた。

風の妖怪は多い。「一目連」という妖怪は暴風雨を起こす魔物。「カマ風」という風は、人に切り傷を負わせたりする。「風魂」という妖怪も大嵐を呼ぶという。九州では「風にあう」というのは山の神の風にあい、病気になることをいう。現代でも「悪い風にでも当たったんじゃないの?」と病気の人に声をかけることがあるが、これもその名残《なごり》である。

送り狼

（絵・GW）

人の後をつけてきて、その人が転ぶと襲いかかって食い殺すという。万一転んでも、あわてずタバコを吸えば安心だという説もある。

また、青梅では送り狼が人に呼びかけるとされている。ある場所を歩いていると「おーい、おーい」と呼ばれることがある。それは送り狼の呼びかけ声で、もし振り返るとたちまち食い殺されてしまう。振り返らずに、そのまま歩けば助かると伝えられている。

一方、送り狼のおかげで他の魔物に襲われないというボディガード的役割もある。無事に送ってもらえた場合は、小豆飯や草履の片方、塩などを与えれば後の災いはないという。

かくれ座頭

（絵・天野）

子供をさらう妖怪である。

昭和十年代に、疎開で青梅に住んでいたTちゃんという女の子が突如、行方不明になった。村中で捜索したが、見つからない。村の長老に相談したところ、顔色を変えて「早く探せ、かくれ座頭に隠されたのだ」と言われた。妖怪の仕業と大騒ぎになり、一大捜査となった。

そのうち、女の子は、ある場所で惚けている状態で発見された。とにかく無事に終わったものの、Tちゃんはその後も何度か行方不明になったという。かくれ座頭に魅入られたのかもしれない。

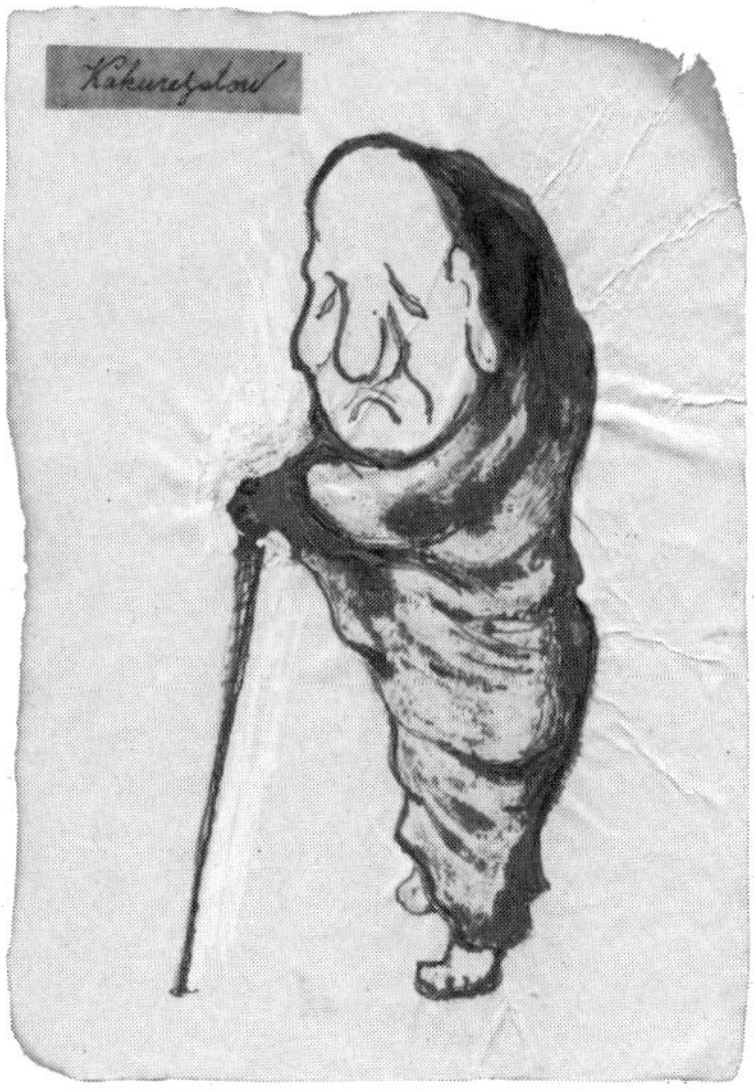

松明を消す化け物

（絵・えんら）

青梅ではかつて金属の採掘が盛んであった。採掘するには、穴を深く掘る必要がある。洞窟の奥まで行く時には、松明《たいまつ》をともして歩かねば危険である。

坑夫達が穴の奥の採掘現場に向かうべく進んでいると、「ふーっ」と松明の灯を吹き消すものがいる。当然、仕事仲間ではない。暗闇に潜む何者かが、松明の灯を吹き消すのである。

採掘穴に棲む化け狐の仕業とも、魔物の仕業とも人々はうわさしたという。

同様の行為をする妖怪で「ふっけし婆」という妖怪もいる。

女髪かまいたち

（絵・宮守）

女の髪は怨念や情念がこもりやすいという。青梅での話である。ある女が男と愛を育んでいた。二人は周囲がうらやむほどに順調に愛し合っていた。しかし、人の愛とはうつろいやすいもの。やがて男は別の女に心を移していった。そして、女のもとから去っていったのである。

嫉妬に狂った女は、怨念を込めて自らの髪をばっさり切ってしまった。その髪は女の念をまとい、妖怪「女髪かまいたち」となった。妖怪は、風に乗って恋敵の女のところにたどりつくと、女の首を根元からばっさりと切断したという。

百いらず

（絵・天野）

かつて青梅には山から吹き下ろす魔物の風があった。この寒い風に当たることは不吉とされ、当たった者は必ず病気になると非常に怖れられたという。

この風が吹いてきたら、たとえ道端に銭百文が落ちていたとしても、拾っている暇があったら、一刻でも早く、遠くに逃げるべしと言われた。このことから「百いらず」という奇妙な名前がつけられた。いかに、恐怖の対象であったかがわかる名前である。

風に乗って魔物は飛来し、人間に襲いかかるのである。平成日本には、不況という名の恐ろしい風が吹いている。

ほほなで

（絵・えんら）

高尾山の某所に出た妖怪。道行く人のほほをひんやりした手でやさしくなでるという。それにしても、深夜の真っ暗闇の道で、突如ひんやりした手でほほをなでられた人の恐怖はいかほどであったろうか。

このように手だけの化け物は多くいる。室内に出る妖怪で「細手長手」というやつは、奥の座敷から「おいでおいで」と手招きをする。また、着物にこもった女性の妄執が妖怪化したもので「細手の怪」というのもいる。

よく心霊写真で「手だけ」もう一つ余分に写っていることがある。これも現代の「ほほなで」ではないだろうか。

天狗のきやりぶし

（絵・好翁）

青梅の山間部で伝えられた怪現象である。過酷な山仕事を行う男達は、「きやりぶし」をうたいながら労働した。そのため、昼間は各山々から働く男達の「きやりぶし」がこだましたものだったという。

しかし時たま、夜、誰もいない山から「きやりぶし」が聞こえてくることがあった。山仕事に出る屈強な男達も、夜の山に響くその歌声には肝をつぶしたことだろう。それを人々は天狗の「きやりぶし」と呼んだという。

歌とはある意味、神への奉納であり、魔物の招霊でもある。現代でも録音された曲の合間に不思議な声が入るのもそのためである。

天狗のリンくずし

（絵・萬屋）

これも青梅の山間部で起こった怪現象である。昭和に入ってからも時々あったという。

リンというのは、切った木を山の斜面に止め置く、杭のようなものである。昔の人は、伐採後、丸太をリンによって斜面に一時保管したという。

夜、山仕事を終えた男達が寝ていると、そのリンが抜かれ、丸太が斜面を転がるすさまじい音がすることがあるという。しかし翌朝そこに行っても何も崩れてはいない。これを「天狗のリンくずし」という。音の化け物である。天狗は音だけ声だけの怪異がお好きのようである。

化け物太鼓

（絵・萬屋）

江戸市中でたびたび聞かれた謎の太鼓の演奏。狸の腹づつみのようなものであろうか。どこからともなく太鼓の音が聞こえてくる。天狗が打つとも、化け物が打つとも言われている。

どこで太鼓が打たれているかは不明である。何ものが何のために打つのかも不明なため、「化け物太鼓」という名前がついた。

この妖怪現象と似た現象に、海上で聞こえる「虚空太鼓」や、山中で突如聞こえてくる「狸囃子」「天狗囃子」があげられる。軽やかな太鼓の音も不似合な場所で聞こえると不気味だ。アンバランスの恐怖である。

つむじ塚

（絵・好翁）

江戸期、立川周辺ではつむじ風が人々に脅威を与えていた。ところが、この塚の後ろに隠れるとつむじ風を防いでくれるという。

何か呪術的な意味のあった塚かもしれないが、当時「つむじ風」や「春一番」「山下ろしの風」などは妖怪とされた。つまり、風という自然現象は妖怪というものが引き起こすと考えられたのである。

たしかに、風には形がない。形がないのに、頬に当たる風は感じることができる。形はないが存在する。まさに妖怪そのものと理解したのだ。「風神・雷神」の時代から風は魔物を乗せてくる。

枕がえし

（絵・増田）

青梅の某寺の一室に出ると言われている。夜、その部屋で寝ると、枕の向きがいつのまにか寝た時とは逆の向きに回転してしまうという。

ある身体の大きい男が絶対に枕の向きは変えないと、心に誓ってその部屋で寝たが、やはり、朝になると逆方向に寝ていたという。大きな身体の男を、どうやって回転させたのであろうか。

この妖怪はかつては多くの家に出たという。枕には睡眠中の魂が入っているとされ、その枕の向きが変わることは、死の危険すらあるとも言われている。

ちとり

（絵・天野）

西多摩に出没した、日本では珍しい吸血妖怪である。この妖怪に殺害された犠牲者もいたという。夜、峠を歩く人に襲いかかったようである。

この妖怪の吸血方法は、喉に食いつき、血を吸うというものである。人間の肉を食べる狼とは明らかに違う恐ろしい化け物である。

血を聖なるものと考える西洋には、吸血鬼は多いが、日本では吸血妖怪は少ない。「ちすい」「磯女」「血を吸う山姥」ぐらいかもしれない。

かつて都内にも吸血妖怪がいたとは非常に興味深い伝承である。

おごめ

（絵・うたわん堂）

三宅島に出た。山中に出現する妖怪で、木の枝に止まり、赤子のような声を出したり、「おごめ笑い」という不気味な笑い声をさせるという。

木の枝に止まるということから、どうやら鳥の化け物のように思える。「うぶめとり」という子供をさらう化け物と関連があるのかもしれない。

山中で笑う妖怪としては「笑い男」や「笑い婆」などあげられる。

本来、楽しいはずの笑い声というものも、不似合な場所で聞くと恐ろしいものである。山中での笑い声はどうやら注意が必要である。

てんまる

（絵・天野）

茂みの中に潜んでおり、夕方、人が通ると飛びかかり、しがみついては、茂みや河原に引きずり込むという。ただ、しがみついて引きずり込むだけでたいした悪さはしない。

何ものなのか不明だという。「てん」が化けたものとも言われている。また山から吹き下ろす風に乗って麓に舞い降り、襲いかかるという話もある。某寺の門の近くの木のほらに住むといわれる「てんまる」もいる。これは「むささび」が化けたものだと言われている。空を飛び襲いかかるという。

青梅の六十代以上の人なら皆知っている地元のメジャー妖怪である。

小豆はかり

（絵・宮守）

麻布のある武士の家に出た妖怪。

「どすんどすん」と、天井を足で踏みならすような音を立てたり、「はらり、はらり」と、小豆をまくような音を立てたりするという。

小豆の音は次第に大きくなっていき、最後には一斗をまくような大きな音になるという。

庭では手水鉢《ちょうずばち》の水を手にかける音、庭石をぴょんぴょん飛び歩く音などを立てたりする音の化け物である。

特にひどい悪さはしないが、天井から、時たま土やほこりが落ちてくるようなこともあった。しかし、家人は慣れたもので、さほど気にしなかったという。

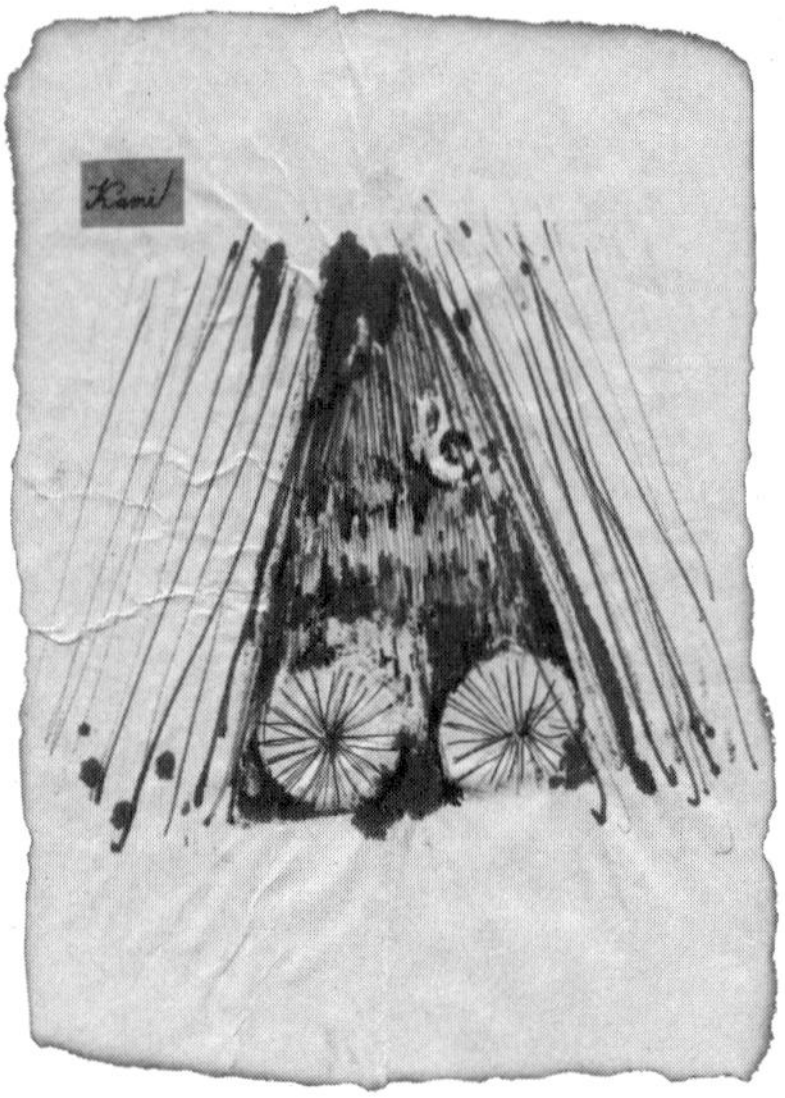

神かくし

（絵・天野）

この平成の世にも存在する魔物である。

都内某所で、商店の建替工事の完了を目前にした店主夫婦が、突然行方不明になった。前日までは普通に近所付き合いをしていたのである。それがまるで煙のように消えてしまった。家財道具もそっくりそのまま残されていたという。

その後、夫婦の車は富士の樹海で発見されたが夫婦の無事な姿はいまだに確認されていない。失踪前夜、夫婦喧嘩をしていたという情報もある。しかし、楽しみにしていた店の完成直前にいなくなってしまうだろうか。界隈ではこの事件は神かくしと言われている。

ケサランパサラン

（絵・増田）

毛だらけの丸い物体。風に乗って、ふわふわと空中を浮遊しているという。春先に浮遊するとも言われる。

東京でも何回か、このケサランパサランが捕獲されている。おしろいが好物らしく、おしろいと一緒に入れて飼育していると、それを餌に増えていくという。持っていると幸運になるとも言われるが、成長が楽しみで、年に何度も見るとよくないとされている。

ある地方の伝説集によると、捕獲した狐の体内からケサランパサランが出たという話もある。異説では、フランス語の「ケセラセラ」が語源とも言われる。

木魚の音

（絵・天野）

青梅で昭和に入って起こったできごとである。夜、某所を歩いていると、「ポク、ポク、ポク、ポク」という不思議な音が、どこからともなく聞こえたそうである。人々はその奇怪な音を怖れた。

ある人が「あれは死者の叩く木魚の音が聞こえるのだ」と言ってから、さらに大騒ぎになった。回向を求める死者の魂が、どこかで木魚を叩いているのであろうか。

木魚は元々インドで釈迦の暗殺を狙った男が身を変えたものという説がある。また時には頭蓋骨にたとえられることもある。怪異現象を起こしても不思議ではないのだ。

空の巻

くびれ鬼

（絵・増田）

「いつ鬼」ともいう。一種の憑依霊で、人に憑き首をくくらせてしまう恐ろしい魔物。

麹町のある組頭の家で酒宴が開かれた。その酒宴に、いつもなら顔を赤くして、面白い話を披露する男の姿がない。ようやくやって来たと思ったら、「今日は、約束がある。人を喰い違い門に待たせてきたのでこれで失礼する」と言う。そこで無理に引き留めて、酒を飲ませていると、そのうち喰い違い門で人が首を吊ったと大騒ぎになった。

これは、この男に憑いていた「くびれ鬼」がしびれを切らせて、他の者に憑いたのかもしれないと言われている。

通り悪魔

（絵・GW）

　人に憑依し乱心させ、最後には刃傷沙汰《にんじょうざた》を引き起こさせるというやっかいな化け物である。

　ある日の夕方のこと。一人の武士が剃刀を研いでいた。障子のすき間からふと外を見ると塀の上に、甲冑《かっちゅう》を着た武者が三十数騎こちらを睨んでいる。この武士は心得ある者であったので、剃刀を投げ捨て、丹田《たんでん》に意識を集中し、平伏した。

　しばらくして、顔をあげてみると武者達は姿を消していた。

　ところがその直後、塀の向こうの家で乱心した者が出て、切腹騒ぎが起こったという。

大山伏

（絵・萬屋）

江戸山伏町での怪異。

享保十二年（一七二七）の秋のこと。朝倉八十五郎という武士が夕刻、勤めを終えて、自宅に帰り着いてみると、背丈が一丈（約三メートル）はあろうかという巨大な大山伏が自宅の門の前で立ちはだかっている。門の前に大きな股を広げて仁王立ちし、両手を広げて、まるで通せんぼをしているみたいである。

そのままでは自宅には帰れない。武士は心を決め、山伏の股をくぐって自宅に入ったという。その瞬間、山伏は消え、以後再び現れなかった。享保八年（一七二三）の大火事で死んだ山伏の霊であろうかと言われている。

貧乏神

（絵・天野）

　ある人の家に貧乏神が住みついていて、いくら働いても一向に暮らし向きがよくならない。そこで、ある呪術者に貧乏神を追い出す方法を授けてもらった。みそ味の焼きめしをつくってむしろにのせ、裏口から外に出て道の辻などに捨てればいいという。早速試すと、焼きめしにつられた貧乏神を捨てることができて、家運が一気に盛り返したという。
　ところが、都内の某神社にはその貧乏神が祭られている。また、青梅のある家でも屋敷神として貧乏神を祭っている。貧乏神を祭れば、それ以上貧乏にならないということで、縁起がいいとされてもいるのだ。

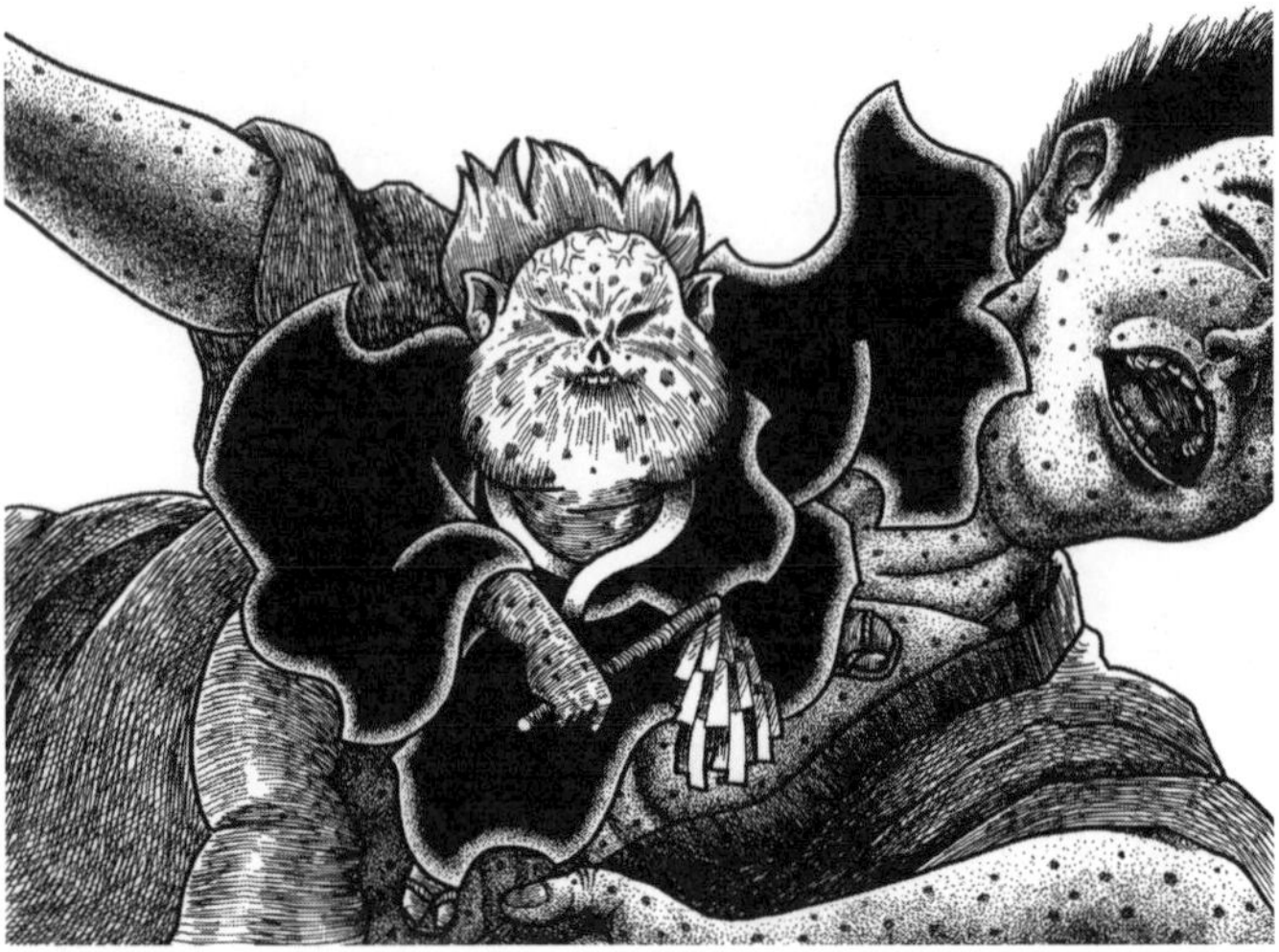

疱瘡神

（絵・増田）

疱瘡（今で言う天然痘）をまき散らす魔物。青梅にはそれを封印した塚があった。詳細、由来は不明だが、かつて大流行した時につくられたものだという。疱瘡封じには「住吉大明神」がよいとされているが、青梅の「疱瘡神の塚」の付近にも住吉神社があり、関連がありそうである。似た亜妖怪に「疱瘡婆」がいる。背丈が二丈（約六メートル）もある巨大な老婆の妖怪である。白髪で、疱瘡で死んだ人の墓場を荒らし回ったという。

根絶宣言の出された一九八〇年以降、世界中で天然痘患者の発生はない。だが、不吉なことに、青梅の疱瘡神の塚は崩壊している。

疫病神

（絵・萬屋）

高田馬場に、ある男が住んでいた。

とある日、見慣れない男が泊めてくれないかと訪ねてきた。気のいい男は「いいですよ」と了解した。

すると「みんな、入ってこい」とばかりにぞろぞろと鬼のような異形のものが入ってくる。とんだ化け物を泊めてしまったと、男は腰を抜かした。

最初に訪ねてきた男が言うには、自分達は疫病神なのだという。そして、「泊めてもらったお礼に男の家族は助けてやる」と言った。その言葉どおり、江戸で伝染病が流行した時も男の家族は病気にならなかったという。

笑い地蔵

（絵・天野）

青梅市の金剛寺の横を、深夜歩いていると、突然「ゲラゲラ」と笑いかけてくるものがいる。一体何者だろうと、目をこらして見てみると、なんと地蔵が口をあけて「ゲラゲラ」と笑っているのだ。恐怖のあまり人々は夜、金剛寺の横を通れなくなってしまった。

ある夜、通りがかった武士が、笑いかける地蔵の首を一刀ではねたところ、その首は宙に舞い、血しぶきをあげたという。それ以来、妖怪笑い地蔵は出なかったと言われている。

物体が笑う。しかも深夜に笑う。「笑い」はシチュエーションが変われば、凶器にもなるのである。

第六天

（絵・天野）

天界は六つの層に大別されるという、第六天は中でも最上階に位置するものである。快楽・欲望を操るというその世界の魔王が第六天である。彼らは仏教を憎み、僧の邪魔などをする。別名六天魔王とも言う。

比叡山を焼き討ちした信長はまさに魔王にふさわしい。信長は自らを「六天魔王」と名のった。関東ではいくつか第六天を祭っている祠の存在が確認されており、当時の人達に非常に怖れられた、まさに滅国の悪魔である。

都内の祠では、昭島市郷地町の祠が有名である。西多摩にも、第六天がかつて現れたらしい。

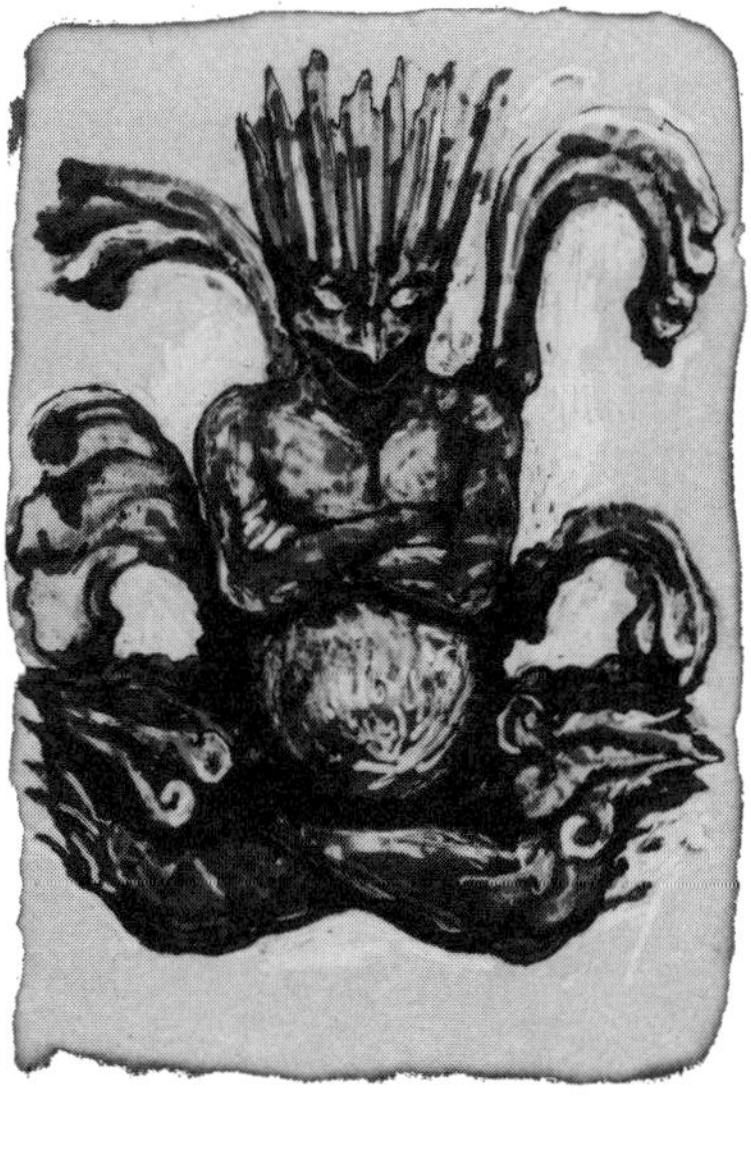

鬼の腕

（絵・宮守）

ある評判の悪い男が「鬼の腕」を召使いのように使っていたという。ただ腕だけの化け物を自由にこき使っていたのである。見たところ、爪や肌も清らかで、女の鬼の腕のようであったという。

男は根っからのなまけ者であったらしく、風呂屋では鬼の腕に身体を洗わせ、さらにひどいことに身体のマッサージもさせていたという。

ある日、その男が絞殺体で発見された。首は、あの鬼の腕にしっかりと締めつけられていたという。たとえ妖怪でも、酷使すれば必ず復讐するのである。

一つ家の鬼婆

（絵・GW）

現在の台東区浅草に伝わる話である。一軒のあばら屋に老婆と娘が住んでいた。あたりに家がないため、この家には、旅人がよく宿を乞いにきた。恐ろしいことに老婆は、泊めた旅人を殺害して着物や金品を奪うのだ。

娘は老婆の非道を悲しみ、ある日、旅人の身代わりとなった。殺害した旅人が実は娘だったと知った老婆は自分の悪行を呪った。娘の身代わりのおかげで助かった旅人は観音様の化身であり、娘の死体を抱くと昇天していった。老婆は悔い改め仏門に入ったという。

ちなみに浅草妙音院には、老婆が旅人殺害に使用した石枕が残っている。

八日ぞ

（絵・GW）

一つ目の鬼であり、高尾山周辺に出たという。毎年ある一定の日に町を徘徊するという。一説には二月八日、あるいは十二月八日に徘徊するとも言われている。この日に、迂闊に履き物などを外に出しっぱなしにしておくと、「八日ぞ」に焼き印を押されてしまう。古来履き物には霊が宿るとされているのだ。そして、焼き印を押された者は、苦しみあがき、最後には発狂し死んでしまうという。非常に恐るべき妖怪である。

同じように関東各地では各家庭を回る徘徊妖怪が多く出没している。このような徘徊妖怪に「みかり婆」「一つ目小僧」がいる。

牛御前

（絵・萬屋）

浅草を襲った牛の化け物。浅草寺に乱入し、毒気で多くの僧を殺害、重体に追い込んだ。また向島の牛御前社（現在の牛島神社）には牛御前が落としていったという牛玉なるものが残っている。

一説にはこの妖怪「牛御前」は、酒呑童子や土蜘蛛退治で有名な源頼光の弟とも妹とも言われている。

牛のような顔の醜男に生まれた牛御前は父に嫌われ、魔性のものとなり、父への当てつけで、武蔵国で暴れまくったのだ。そして最後は兄に打たれるという悲劇の最期をとげるのである。

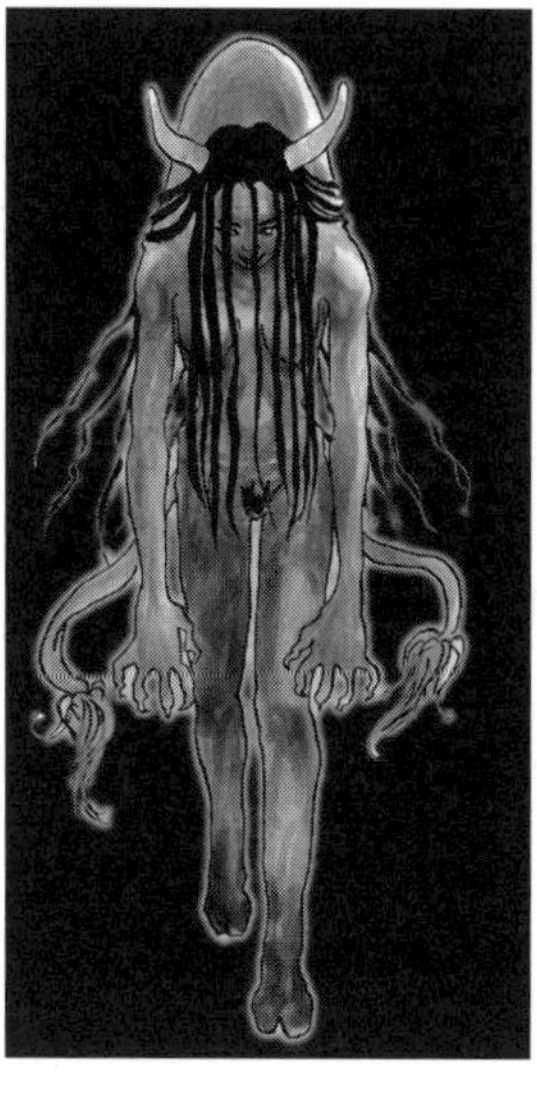

夜行さん

（絵・うたわん堂）

八王子の滝山丘陵にあった高月城が、敵軍の攻撃を受け、奮戦空しく落城寸前となった。城主はせめて姫だけでも助けようと、名馬に乗せて戦場から脱出させた。

ところが、敵兵に発覚し、姫の乗った馬の首がはねられてしまった。首を切られても姫を守るために馬は疾走し、そのうち姫と共に天まで昇っていってしまったという。

それ以来毎年、深夜の町を首無し馬に乗った姫さまの化け物が徘徊したと言われている。

徳島に同名の妖怪がいるがまったくの別種であろう。八王子の「夜行さん」はむしろ「おしら様」と似ているようである。

犬の妖怪

（絵・えんら）

かつて江戸には奇怪な犬の妖怪が出た。目が金色の「金目犬」などが徘徊したとも言われている。現代でも、渋谷で「人面犬」が目撃されるなど犬の妖怪談は多い。

日本では古来から、犬は幽界と現界を行き来できる能力を持っていると言われている。また、戌の日には、腹帯が安産の縁起物として、全国の神社で配られたりしている。犬は多産なのに安産なので、お産の守り神とされているのだ。また魔性のものを退治する存在であり、ヒヒ退治や鬼退治では重要な役割を担っている。それは桃太郎と共に鬼退治をしたことでも明らかである。

お犬様

（絵・天野）

幕末、青梅での話。ある少年が父親と一緒に風呂に入っていた。当時の風呂は柱と屋根だけの外風呂で、吹きさらしである。

当時から青梅ではお犬様という神様の信仰が盛んであった。生意気盛りだった少年が、「お犬様など本当にいるのか」と言ったところ、黒い大きい獣が風呂の柱をかすめて通っていったという。あまりの恐怖に少年は前言を取り消した。

またある若者が「お犬様などいるものか」と言ったところ、突如黒い犬の集団に取り囲まれ襲われた。震えながら許しを乞うと、犬の集団はふっといなくなったという。

猫行者

（絵・宮守）

西多摩に住んでいた異形の怪人物。かつて、多くの猫を引き連れて暮らしていた謎の行者のことである。

不思議な術を使うらしく、周辺の人々には敬愛されつつも、魔人として畏怖されていた。「猫魔大神」という化け猫が崇拝する魔性の神を崇拝しており、臼をゴロゴロと廻しながら呪文を唱え、「猫魔大神」の力を借りて、呪術をかけていたという。

ここまできたら妖怪である。ひょっとしたら、この猫行者自体が猫が化けたものなのかもしれない。かつての日本にはまるで現代のインドのように行者と呼ばれる人が多くいた。

狸聖

（絵・GW）

狸であるが、僧に化けて学問に励んだという。たいがいがひょんなことから正体がばれて去っていくことが多い。

ある寺に、旅の僧が世話になった。長く逗留するうちに、そこに居つき、寺の僧として仏門に励み、近隣の住民や同僚の僧からも尊敬を集めた。だが、ある時、昼寝中にしっぽを出してしまい、正体がばれてしまった。周りのものは、たとえ狸でも、このまま居てくれと頼んだが、僧は涙ながらに去っていってしまった。

狸・狐が化けることはかつて多くあったという。大らかな時代の話である。

ムジナ

（絵・GW）

赤坂の紀国坂にはムジナが化けたのっぺら坊が出たという。

ある男が坂で、シクシク泣いている女に声をかけたところ、振り向いたその女の顔はのっぺら坊で、目も鼻も何もなかった。驚いた男はその場から逃げ出してようやく一息ついたところ、夜鳴き蕎麦の屋台が見えてきた。

安心した男が蕎麦屋の主人にさっき見たのっぺら坊の話をしたところ、「こんな顔じゃあ〜なかったかい」と言うと、主人の顔ものっぺら坊になっていたそうである。小泉八雲の『怪談』で有名になった話である。ムジナは狸と違い、アナグマなのだそうだ。

ムジナ小僧

（絵・好翁）

ある雨の日に、お寺の念仏会の日程を各家に触れ回る小僧さんがいた。傘をさし懸命に歩く姿は大変かわいかったであろう。

最後の家に寄った時点ではとっぷり日が暮れていたという。その家では、今からお寺に帰るのでは気の毒だと思い、泊めてあげることにした。夕食を食べさせ、くつろいだ後に、おばあさんは小僧さんをお風呂に入れた。しかし、なかなか出てこない。心配になったおばあさんが風呂場をのぞいてびっくり！

かわいい子供のムジナが風呂の中でうろついているではないか。おばあさんの悲鳴を聞いて、ムジナは遁走したという。

ムジナ婆

（絵・天野）

青梅の清宝院山門付近に出た。近年までうわさのあった比較的新しい妖怪である。付近にはかつてムジナのいた原っぱがあり、そのムジナが化けたものであると言われている。

恐ろしいことに、上半身だけの妖怪であり、老婆の姿をしているという。付近を歩く人をさんざんおどかした。

闇夜に上半身だけの老婆が出てきたら、さぞや怖いことであろう。かつての青梅には多くの「ムジナ」が生息し、化けては人々を襲ったと言われている。

上半身だけの妖怪としては他に「ぬれよめしょ」「坊主」という妖怪があげられる。

盆ぐも

（絵・ＧＷ）

高尾山の麓の集落に出たという巨大なくもの化け物。

お盆の時に出るので、一説には先祖の霊だとも言われている。お盆に、巨大なくもが室内にいても殺してはいけないという戒めもあったらしい。

ある夏の日、子供が池で泳いでいたら、深みにはまりおぼれてしまった。周りには大人はいない。仲間の子供達は大騒ぎになった。

そこへ突如、巨大なくもが現れ、白い糸を吐き子供を巻きつけて助け出した。人々は「盆ぐも様のおかげだ」と口々にささやき合ったという。

一つ目小僧

（絵・うたわん堂）

江戸四谷に住み、ウズラの卵を売って生計を立てている男がいた。ある時、料金が足らないから屋敷で渡すと言われ、麻布にあった武家屋敷の一間で待たされた。そこにいつの間にか十歳ぐらいの小僧が姿を現し、部屋にあった掛け軸にいたずらを始めた。

男が「そういうことはしてはいけない」と注意すると、子供は振り返り、こう言った。「黙っていてよ」その顔は一つ目であったという。この家ではたびたびこのようなことがあったと言われている。

家に住みついたざしきわらしのような一つ目小僧である。

豆腐小僧

（絵・宮守）

何故か豆腐を持って、町中を徘徊するユニークな妖怪である。傘をかぶり小僧の姿で、豆腐を持ち歩くという。

同じように一つ目小僧や、河童も豆腐を持ち歩いており、関連があるのかもしれない。

また、同じ豆腐をモチーフにした妖怪に長崎の「豆腐娘」がいる。これは敷居を踏んだ音を放屁と勘違いされた娘が身投げをし、その娘を祭った場所を通る際には、豆腐を供えないと海中から豆腐娘が出てきて、通行人を海の中へ引きずり込むと言われている。

豆腐は大豆からできているが豆は「魔滅（まめ）」に通じ魔物を滅する威力があるのだ。

玄仁

（絵・増田）

ある旗本家に養子に入った男がいた。その男が友人宅で酒を飲んで家へ帰る際に背後から青ざめた小坊主に名を呼ばれ、家に帰り着くまでつきまとわれた。そして戸を開けた途端、その小坊主が家に入り込み消えた。すると突如男は錯乱し大暴れを始め、家族がようやく取り押さえた。翌晩、男の枕元に小坊主が現れた。「我が名は玄仁。養父に恨みがあり、汝に憑依して殺害をはかったが失敗した。これからは我を祭れよ」。その言葉を家族に伝えると、男は正気に戻った。養父には何やら思い当たる節があったらしく、法事が行われた。文化十一年（一八一四）のことである。

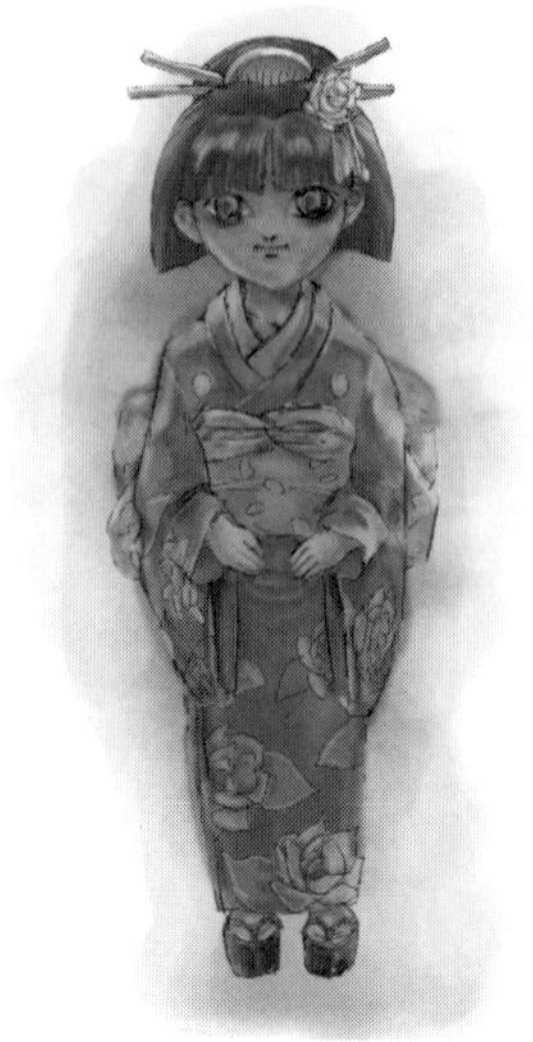

蔵ぼっこ

（絵・萬屋）

蔵に棲む童子型の妖怪。時には女性である場合もある。蔵の中に棲んでいて、蔵に入ってくる人にいたずらなどをするという。

また、この妖怪が棲んでいると、その家は栄えると言われている。突然見舞われた火事などの時は、懸命に荷物の運び出しを手伝ってくれるという。

東北のざしきわらしに近い存在なのかもしれない。

都内某所の旧家の蔵には妖怪が棲んでいるという。その妖怪のためかどうかは不明だが、その蔵の中に入ると、なぜか尿意をもよおしてしまうと言われている。

お歯黒べったり

（絵・増田）

角隠《つのかく》しを着けた女性の姿で出る。その顔は、目鼻がなく、口だけの妖怪なのだ。そして、お歯黒をたっぷりつけた口で笑うという。

狐狸の化けそこないという説もあるが、何やらひょうきんな妖怪ではある。

ある人が古い神社の前を通ったところ、顔を伏せた女性がいる。どうやら泣いているようである。こんな時間にどうしたんだろうといぶかって声をかけた。

すると、その女は振り返り、目も鼻もない顔で、お歯黒がべったりついた口でゲラゲラと笑ったという。

なんと気味悪い妖怪であろうか。

大入道

（絵・好翁）

昭和に入っても「大入道」は出没している。第二次世界大戦中のことである。召集令状を配りに行った人が、赤羽駅近くの八幡神社踏切で、兵隊姿の大入道に襲われた。そして四日後、その遭遇現場で変死したという。

大入道の正体は自殺した工兵隊の新兵の霊だとか、剣をなくして上官に撲殺された兵隊の霊であるとか言われた。自らを死に追いやる原因となった召集令状に恨みがあり、大入道となって、たたったのであろうか。

巨大な妖怪は都内に多い。かつて豊島区に出た「でっかん坊」は多くの人を驚かせたという。

梅本坊

（絵・萬屋）

昔、青梅には非道な行いをする梅本坊という生臭坊主《なまぐさぼうず》が住んでいた。酒は飲むは、女をさらうは、加えて大変な乱暴者だった。近隣集落ではほとほと困り果てていた。

ある時、村人が力を合わせてこの坊主を亡き者にしようと計画した。まずはたっぷりと大好きな酒を飲ませ、そのあとはよってたかって殺してしまおうという陰惨なものであった。そして、その計画どおり梅本坊は殺害された。

しかし、それ以来怨霊となった梅本坊が集落のあちこちに出没した。たたりを恐れた村人は、塚をつくってその霊を慰めたという。

大首

（絵・GW）

町田には「大首」を祭る家が今も存在する。この家のご先祖の夢枕に「大首様」というものが立った。遠国からわざわざ「おまえに会いにきた」というのである。

不思議な夢もあるものだと主人は思ったが、翌朝、庭に出てびっくりした。なんと庭木に巨大な仏頭のようなものが置いてあるではないか。これが「大首様」か！　驚嘆した主人は、近在の某寺に奉納した。しかし、再び「大首様」が夢枕に立ってこう言った。「なぜ寺に納めた。私はお前の家に祭られたいのだ」。飛び起きた主人は、急ぎ寺から引き取って、自宅で祭るようになったという。

でれすけぼーこん

（絵・GW）

西多摩に出た妖怪で、夜ふかしすると、どこからともなく室内に出てくるという。

子供が遅くまで起きていてなかなか寝ないと、祖母などが「でれすけぼーこん」が出るよと言っておどかしたらしい。いまだ、その姿を見た者はないのだが、ひどく恐ろしい姿をしていると語り伝えられている。

その名前は、でれすけ（でれでれしている者）をおどかす亡魂（ぼーこん）という意味からきているのかも知れない。

似た妖怪に滋賀県の「よないぼ」がある。これも夜ふかしすると出てくる妖怪で、八日市に伝わる。深夜の訪れ人は「妖怪」なのだ。

カネダマ

（絵・萬屋）

町田のある名家では今でも「カネダマ」が祭られている。江戸時代のある日、金属の固まりのようなものが空からすさまじい音を立てて降ってきたのだ。当時からカネダマは幸運をもたらすと言われていた。そのため屋敷神として丁重に祭られ、現在に至っている。

また、青梅では戦前、某旧家の裏の竹やぶに「カネダマ」が出たという。ある雨の日、祖母が興奮して孫娘を呼んだ。孫娘が祖母の呼ぶ家の裏口の方へ行ってみると、竹やぶに透明な球体が浮かんでいた。孫娘は拝むように言われたが、怖くてそれ以上見ていることができなかったという。

おでこ人形の怪

（絵・えんら）

宝暦の頃（一七五一〜一七六四年）、江戸では「おでこ人形」がはやった。ブームが去った後は物置の片隅に置かれ、粗末な箱に入れられてしまった。

それから十年後、安永三年（一七七四）のこと。両国吉川町の元おでこ人形遣いの弥六が発熱し、目を吊り上げて手足をばたつかせ、おでこ人形のように動いた。家の者は「これは人形のたたり」と思い、物置から出して祭ったところ、病は回復したという。

人形による怪異は今も続いている。「髪の伸びる人形」「舌のはえる人形」「まばたきをする人形」。人形はヒトガタなのである。

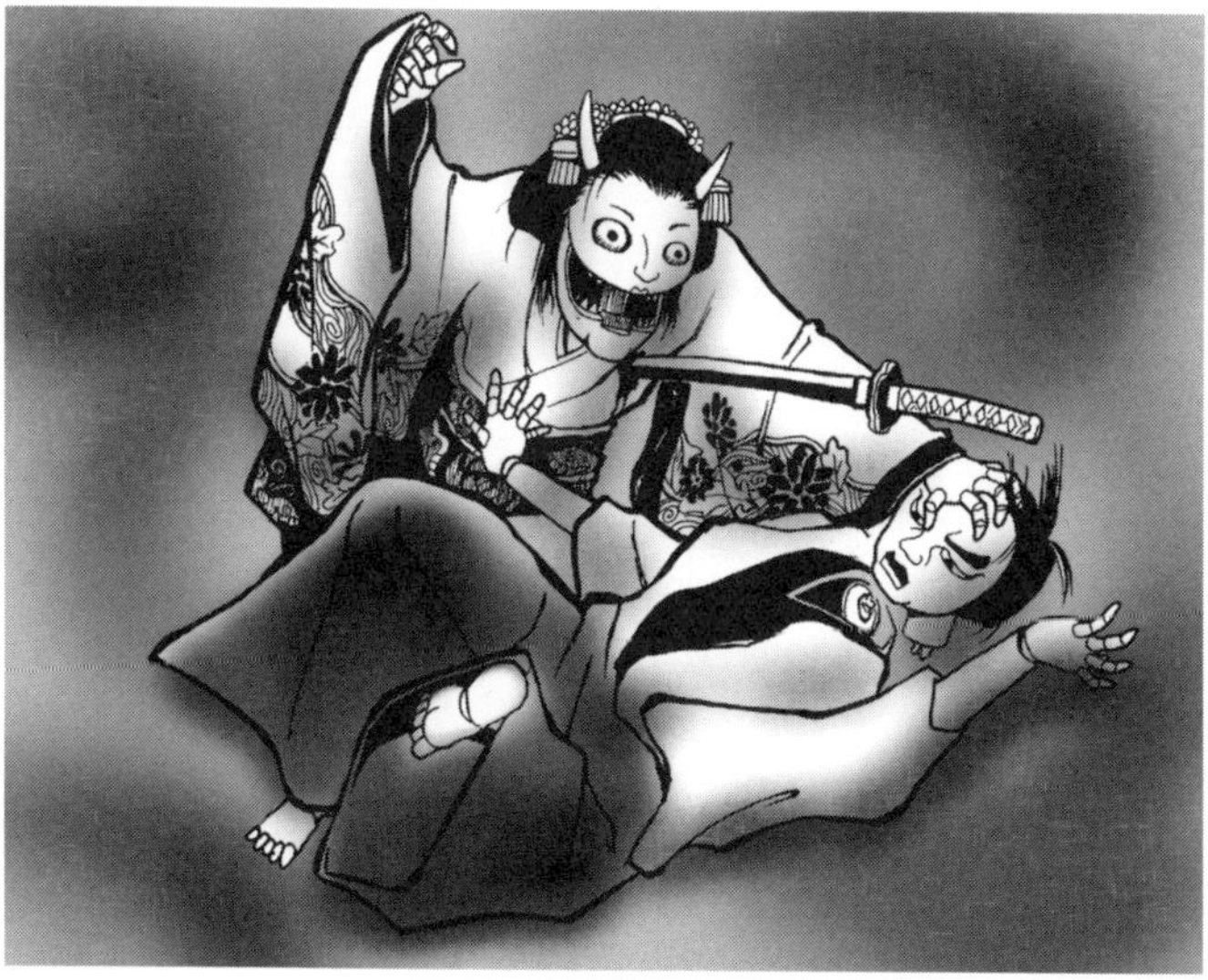

足洗い屋敷

（絵・GW）

本所七不思議の一つで、江戸っ子には外せない化け物。本所の旗本屋敷にて起こる怪現象である。

夜中に天井を突き破り、大きな足が突如降りてくるという。その足は泥や血にまみれており、きれいに洗ってやるとおとなしく引っ込むという。もし、無視したり、雑な扱いをした場合、大暴れをする。「足を洗う」とは魔界から足を洗う意味であろうか。

平成になって建築された、横浜市の某近代住宅においても、似た怪異が目撃されている。深夜、何気なく天井から、男の片足がぶら下がっていたりするそうである。

現代妖怪の巻

幽霊ラーメン

（絵・萬屋）

Bさんは、国道沿いの「うまそうなラーメン屋」でチャーシュー麺を食べました。食べ終わって、無表情で愛想のないおばちゃんに声をかけ、カウンターにラーメン代の五百円を置いて帰りました。あんまりおいしかったので、三日後また友人を連れてそのラーメン屋に行きました。ところが、そのお店は無人の廃虚と化していたのです。

Bさんが友人と共に店に入ってみると、ほこりだらけのカウンターには、ぴかぴかの五百円玉が……そしてチャーシューと書かれた容器には猫の腐乱死体が！ なんと、その店は幽霊が経営するラーメン店だったのです。

携帯婆

（絵・えんら）

ついに携帯にまで妖怪化の波が押し寄せてきたといった感じです。

今、ほとんどの人が携帯を持っています。現代人は携帯電話に憑依されていると言えるのかもしれません。

この妖怪は電車の中で迷惑電話などをしていると出没すると言います。この妖怪の出方が変わっています。今まで愛用していた自分の携帯電話が、突如小さい老婆に変化するというものです。そして、その老婆は「迷惑電話をするな」と警告するのだそうです。

ある女子高生は指にかみつかれたというから恐ろしいではありませんか。

メリーさん

（絵・天野）

全身真っ白の服を着た老婆の妖怪。今も「妖怪メリー」は横浜を中心に出没していますが、近年は全国各地でも目撃されています。

メリーさんは、ＧＨＱの軍人さんの恋人でした。いつも彼氏のビルと一緒でした。ビルは一度国に帰り、また日本に戻ってくるから、その時は結婚しようと言い残し、アメリカに旅立ちました。しかし、それ以来なんの便りもありません。実はビルは母国で暴漢に刺されて亡くなっていたのです。それを知らぬメリーさんは、自分が死んでしまったあとも横浜でビルの帰りを待っているのです。右手に同じ「メリーさん」という人形を抱いて。

三本足の○カちゃん

（絵・宮守）

三本の足がある○カちゃんという女の子の妖怪が訪ねてくるのだそうです。逃げても相手は三本足なので異常に速く、どんな人間も逃げ切れない。学校の便所に棲んでいるとも言われています。三本の足のうち一本は本物の人間の足だと言われています。

元々は人間の女の子で、大好きな人形を○カと名前をつけ、いつも一緒に持っていたらしいのです。亡くなった時に、お棺に人形も一緒に入れられたのだそうです。

その後、少女の怨霊と人形が交わり、三本足の○カちゃんとして妖怪化したのだと言われています。

花子

（絵・宮守）

アニメ化までされた九〇年代の人気妖怪。学校の怪談ブームの立役者と言えます。

学校のトイレに棲み、必ず何番目かのトイレにいるとうわさされ、子供達を恐怖のどん底に突き落としました。

ノックをして「花〜子さ〜ん」と呼ぶと、「は〜い」と答えるという話もあり、某番組の収録中に花子さんの声が録音されたこともあります。花子という凡庸な名前が逆に不気味ですが、トイレという異界への入口では多くの妖怪が跋扈《ばっこ》するものです。

昼間、喧噪のたえない学校も、夜になると静まりかえり、魔物の時間が始まるのです。

口裂け女

（絵・GW）

昭和五十年代に全国で暴れ回ったメジャー妖怪。整形手術の失敗により、大きく口の裂けた女が妖怪化し、マスク姿で「私、きれい？」と小学生に聞いてくる。「うん、きれいだよ」と答えると、マスクをとって「これでも〜」と裂けた口を見せる。だいたいこんなパターンでした。

走るのがオリンピック選手より速いとか、高級スポーツカーに乗っているとか、「ポマード、ポマード、ポマード」と三回唱えるといいとか、いろいろなことが言われました。

中には、植木ばさみで子供の口を耳まで切り裂く凶悪なやつもいたそうです。

すきま女

（絵・うたわん堂）

これはビルのすき間とか、タンスのすき間とか普通の人間が入り込めない場所にいる妖怪です。

心霊写真などでも、すき間に姿を現す妖怪や心霊は多いですね。とにかく、薄っぺらな女ほど怖いものはありません。薄っぺらな紙のような女が神社にいたという、実際の目撃談もあります。

それにしても、すき間というものもまた怖い。そこから何かが出てきそうで、子供時代に怖がった記憶があります。

家具のすき間、ビルとビルのすき間、都会特有の境界からも魔物は出てくるのです。

みたなの怪

（絵・増田）

夏の朝の話です。Aさんが、電車に乗っていると、ものすごいブレーキ音と同時に、すさまじい衝撃が走りました。

驚いたAさんが、窓の外を見ると、飛び込み自殺した女性の首が、スローモーションのように飛んでいくのを目撃してしまったのです。

恐怖のあまり硬直したAさんでしたが、確かにその女の首の口が「み〜た〜な」と動いたのを確認しました。

そのあと電車を降りてから、ホームで駅員さんに「生首がしゃべった」と伝えると、「よくある話だ」と言われたそうです。

一〇〇キロ婆

（絵・うたわん堂）

交差点で止まった車のドライバーが一人の老婆を目撃しました。白髪で目つきが悪く、不気味なことこの上ない老婆だったそうです。

しかも、その老婆が車に近づいてくるではありませんか。こんなやつにはかかわりたくないと思ったドライバーはそのまま走り去りました。一〇〇キロ近いスピードでしばらく走って、また次の信号で止まりました。そしてふと横を見ると、さっきの老婆が、車の横にいたのです。そして、その老婆はこう言いました。「な〜ぜ逃げた〜」。

老婆は一〇〇キロのスピードで移動できる一〇〇キロ婆であったのです。

徒競走婆

（絵・好翁）

渋谷のある地域に出る、黄色づくめの姿の妖怪。一〇〇メートル区間だけ徒競走を挑んできて、挑まれたほうは負けると食われてしまうらしいのです。

だぼだぼズボンの少年は転倒し、婆に食いつかれたというし、レースを挑まれて、恐怖のあまり病院送りになったやつもいるそうです。

また、一時期はやった厚底ブーツの女の子も、婆に競争を挑まれ、負けて食いつかれたといいます。別名「一〇〇メートル婆」と呼ぶ場合もあります。一〇〇キロ婆が渋谷モードに変化したのでしょうか。

世田谷の砂かけ婆

（絵・GW）

ある少年が幼かった頃、トイレに行くといつもついてくる老婆がいました。かなり怪しいムードを持った老婆だったそうです。そして、その少年に、なぜか砂を「ぱらり、ぱらり」とかけたというのです。

当時は幼くて不思議に思いませんでしたが、成長して、一体あれはなんだったんだろうと思うようになりました。

ある時、母親に「あのおばちゃんはどうなった？」と聞いたところ、「そんなおばちゃんなんて知らないよ」との返事。では少年が毎晩見ていたあの老婆は何者だったんでしょうか？　世田谷のある団地でのお話です。

渋谷七人みさき

（絵・萬屋）

九〇年代後半に、一部でささやかれた渋谷系妖怪。援助交際を行う女子高生が続々と変死したそうです。道玄坂で一名、宮益坂で一名と、坂の多い渋谷で七人の女性が死に至ったという都市伝説がありました。それは次々に人にたたる妖怪「七人みさき」の呪いだというのです。

つまり、援助交際で妊娠し、堕胎された胎児の怨念が妖怪七人みさきを復活させ、援助交際をする女子高生に復讐を開始したというのです。七人ですめばいいのですが……この話はかなり不気味です。人心の荒んだ渋谷には妖怪が集まりつつあるのかもしれません。

とんからりん

（絵・好翁）

後から追いかけてくるミイラ男の妖怪です。刃物を持って走ってくるとも、自転車で爆走してくるとも言われています。「とんからりんと言え〜〜」と絶叫しながら、包帯だらけの男が走ってくるのです。

とんからりんは、時には集団で人を襲うこともあります。とんからりんに襲われ刃物で切られたものも、とんからりんになってしまうのです。かつては単なるミイラ男でしたが、最近「とんからりん」という名前がついたようです。とんからりんという名前の由来は不明ですが、過去に「ちんちろりん」という妖怪がおり、何か関係があるのかもしれません。

タバコをすう幽霊

（絵・好翁）

ある女性の体験です。眠りに落ちる瞬間に少し離れたところから「す〜、は〜」という吐息が聞こえてきました。不思議に思って目を開けたところ、部屋いっぱいに白い煙のようなものが立ち込めていたそうです。

これはなんだろう。女性が恐る恐る周囲を見渡してみると、黒い人影がありました。どうやら男性のよう。その人影がタバコを吸っているのです。顔は見えなかったらしいのですが、その黒い人影がタバコを吸いながら「本当にきれいになったよな」とつぶやいて、すーっと消えたそうです。タバコを吸う化け物は珍しい。

ベッドの下の鎌男

（絵・増田）

これは元々、米国の都市伝説が日本に輸入されて広がった怪談から生まれた妖怪です。米国生まれの「輸入妖怪」といった感じではないでしょうか。

ある独り暮らしの女性の部屋に、友人が泊まりに来ました。友人をベッドで寝かせ、自分はベッドの横に布団を敷いて寝ました。

ところが、横になって間もなく、女性はその友人を無理やり買い物に誘い出して、こう言ったのです。「横になって、ふとベッドの下を見たら、鎌を持った男がいたのよ」。

ベッドの下というのは、妖怪が生まれる境界なのでしょう。

人面犬

（絵・うたわん堂）

この妖怪もかなりメジャーな妖怪で、人面妖怪ブームのきっかけとなった妖怪です。人間の顔をした犬妖怪であり、声をかけると「ほっとけよ」とか口答えし、かなりさめた口調で人の言葉を話すと言われました。

人面犬の顔は中年の親父という説もあり、会社をリストラされ、自殺した中高年の親父の怨念が犬に憑依したものでしょうか。家族にそっぽを向かれ、愛犬しか話し相手のいない気の毒な企業戦士の姿が目に浮かぶのは私だけでしょうか。人面魚、人面がらすなど人面妖怪は多いのですが、人の念が動物に取り憑くとそうなるのだそうです。

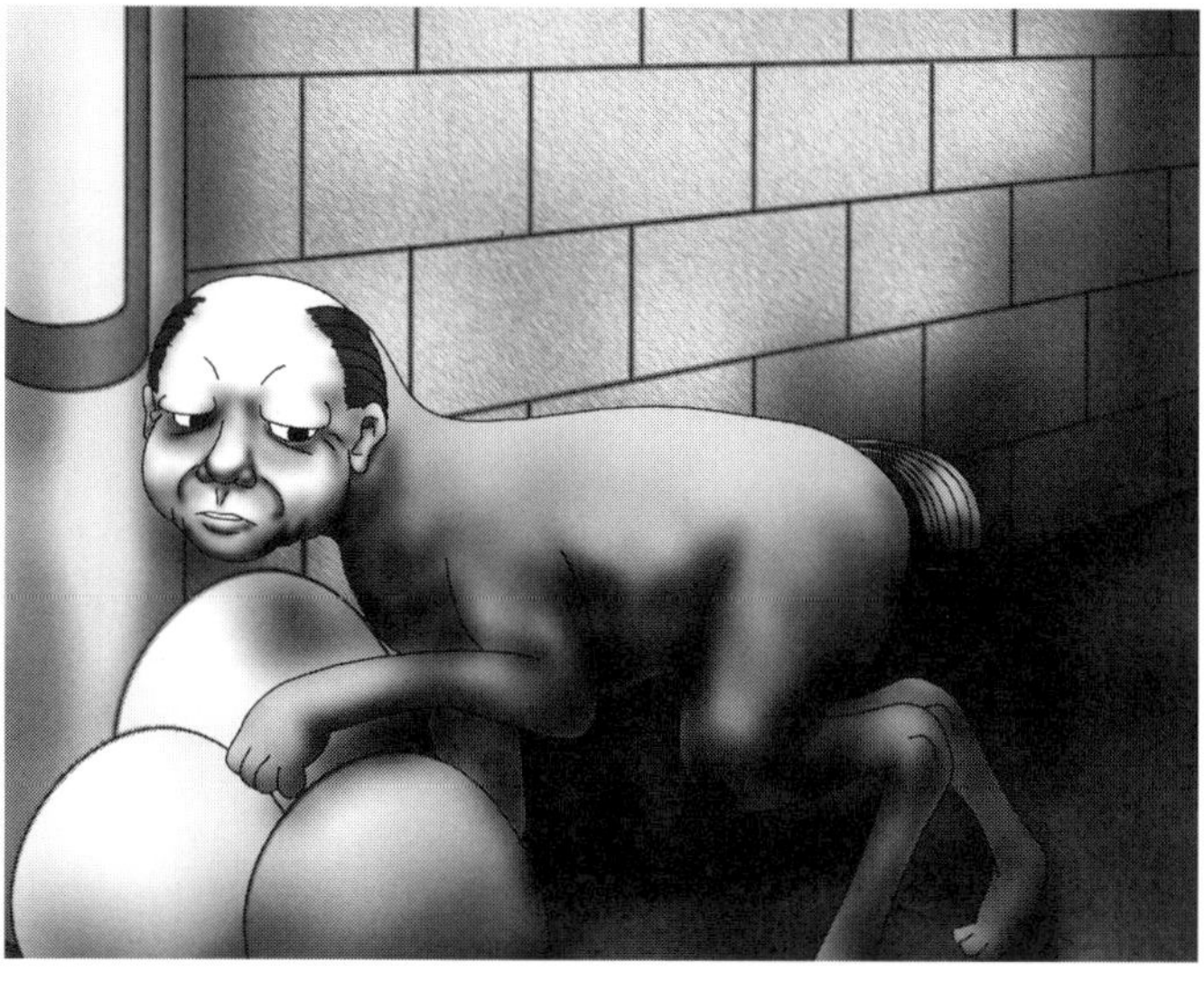

四隅の死神

（絵・GW）

病院に出ると言われています。死期の近い病人の病室の、四隅にいる死神です。怖いのは死期が近づくにつれ、徐々に四隅から近づいてくるということ。

ある有名人が、母親の病室でこの死に神を見つけて、「私の命を半年あげますから、母を助けてください」と交渉しました。すると死神は消えていき、母親の容態は良くなったそうです。しかし半年後、母親の病状は一変し、亡くなってしまったのです。

四隅にいる妖怪として「四隅の婆様」があげられますが、「隅」という空間からも妖怪は湧き出るのかもしれません。

特別企画

雪女

雪おんな

小泉八雲　（訳・芦田文代）

武蔵国のある村に、茂作《もさく》と巳之吉《みのきち》というふたりの樵《きこり》が住んでいました。茂作は、年寄りでしたが、見習いの巳之吉は十八の若者でした。毎日ふたりは、村から二、三里はなれた山に仕事にでかけました。山に行く途中には大きな川があり、そこには渡し舟がありました。その渡し場があるところには、これまでに何度も人が渡れるほどの木橋がかけられたのですが、大水がでるたびに流されてしまいました。水嵩《みずかさ》が増すと到底その急な流れをもちこたえることができませんでした。

ある寒い夕暮れのこと。茂作と巳之吉は山から帰る途中、はげしい吹雪《ふぶき》に見舞われました。ふたりは急いで渡し場までやってきましたが、舟は向こう岸に置き去りにされたまま、舟頭はどこへ行ってしまったのか姿が見えません。とうとう渡し舟には乗れませんでした。こんな悪天候では川を泳いで渡ることなどとてもできず、ふたりはとりあえず舟頭小屋へと逃げこみました。よい避難場所が見つかっただけでも幸運だと思いました。小屋には、囲炉裏《いろり》はおろか、火鉢さえありませんでした。わずか二畳敷きほどで、窓もなく、戸がひとつあるだけでした。茂作と巳之吉は入り口の戸をしっかり閉めると、ミノをつけたままごろりと横になりました。はじめのうちはさほどきびしい寒さだとも思わず、吹雪もすぐにおさまるだろうと思っていました。

年寄りの茂作は、すぐにぐっすりと眠ってしまいましたが、まだ年のいかぬ巳之吉は、長いこと寝つかれず、いつまでも続く恐ろしい風の音や、戸にはげしく吹きつける雪の音に耳を傾けていました。川はごうごうと鳴り響き、小屋は大海に漂《ただよ》う小舟さながらに揺れてはきしみました。なんともすさまじい吹雪で、夜気《やき》は時が経つにつれ冷えこんできます。巳之吉はミノをかぶったまま、しばらくぶるぶると震えていました。しかしそんな寒さにもかかわらず、いつとはなしに眠りこんでしまいました。

顔にふりかかる雪で、巳之吉は目を覚ましました。しっかりと閉めておいたはずの戸が、なぜか押し開けられていたのです。見ると、雪明かりのもと、小屋のなかにひとりのおんながいるではありませんか。それは全身白装束《しろしょうぞく》のおんなです。おんなは茂作の上に身をかがめ息を吹きかけていました。その息は白く輝くけむりのように見えました。すると今度は巳之吉の方へふりむき身をかがめてきました。巳之吉は声をたてようとしましたが、どうしたものか声になりません。白いおんなはいっそう低く身をかがめ、もう少しのところでおんなの顔が巳之吉の顔に触れそうになりました。すばらしく美しいおんなでしたが、目はぞっとするほどに恐ろしかったのです。おんなはしばらく巳之吉をじっと見つめていました。やがて笑《え》みをうかべてささやきました。

「私は、おまえをこの男と同じ目にあわせてやろうと思ったのだけれど、なんだか無性《むしょう》にかわいそうになった……おまえはまだ年が若い……かわいい子だね、巳之吉。今回は見逃してあげよう。でも、今夜見たことを決して誰にもいってはいけないよ。母親にもさ。そんなことをしてごらん。私にはすぐにわかってしまうんだからね。いいかえ。私のいったことをよく覚えておくんだよ。」
おんなはそういい残すと巳之吉にくるりと背を向け、すーっと戸口をぬけて行ってしまいました。やっとのことで体が自由に動かせるようになった巳之吉は、はね起きて外を見ました。でもおんなの姿はどこにも見あたりません。雪はさらにはげしく小屋に吹きこんでくるのでした。入り口の戸はしつかりと閉め、そこらにあるだけの棒切れをあてがい戸が開かぬようにしたはずです。「風で戸が開いたのだろうか――ひょっとして自分はただ夢を見ているだけで、戸口に射しこむひとすじの雪明かりを白いおんなの姿と見間違えたのではあるまいか。」ふと気づいて巳之吉は茂作に声をかけました。ところが、爺さんは返事をしません。闇のなかを手探りで爺さんの顔に触れると、驚いたことに、まるで氷のように硬く冷たくなっているではありませんか。茂作爺さんはもう死んでいたのです。

明け方には吹雪はすっかりやんでいました。日がでて、舟頭が渡し場に来てみると、凍《こご》え死んだ茂作のかたわらに、巳之吉が気を失ってたおれていたのです。巳之吉はすぐに介抱され、我に帰りました。しかし、あの恐ろしかった夜の寒さが身にこたえたのか、しばらくは床に臥《ふ》せったままでした。それは茂作爺さんが死んでしまって、ひどくおびえているからでした。でもいいつけられたように、白いおんなの幻のことは、誰にもひとこともいいませんでした。巳之吉はもと通り元気になると、すぐに仕事をはじめました。毎朝ひとりで山へ行き、日暮れには薪《まき》を背負《せお》って帰ってくるのでした。薪は巳之吉の母親の手で売りさばかれていました。

その翌年の、冬のある夕暮れのこと。巳之吉は家に帰る途中で、たまたま同じ道を先に行く旅姿の娘に追いつきました。背は高く、すらりとした器量好《きりょうよ》しの娘でした。巳之吉が挨拶をすると、小鳥のさえずりのような心地よい声で返事が返ってきました。それからふたりは並んで歩きながら話しはじめたのです。娘の名はお雪といいました。お雪のいうことには近頃両親が相次いで亡くなり、これから江戸に向かうのだといいます。また江戸には貧しいけれど親類もいるので、そこに行けば女中《じょちゅう》の奉公口を見つける手助けぐらいはしてくれるでしょうともいうのでした。巳之吉はすぐに、この見ず知らずの娘に心を奪われました。見れば見るほど、ますます器量好しに見えてくるのです。巳之吉が「おまえさんは、もう結婚の約束をかわした人でもあるのかね。」とたずねると、相手は笑い声をあげながら「そんな方はありません。」と答えました。すると、今度は娘の方が巳之吉に向かって「あなたにはおかみさんがいらっしゃるのですか。それとも、いいかわした人がおありでは。」とたずねてきました。そこで巳之吉は「つれあいを亡くした母親がいるので養わねばならない。それにまだ年も若いから、嫁さんのことなんぞ考えたことはないよ。」と答えました。こんな打ち明け話をしたのち、ふたりはしばらく黙ったまま歩き続けました。そして「気があれば目は口ほどに物をいう」という諺《ことわざ》にもあるように、口は黙っていても目は充分に話し合っていたのです。やがて村に着くころには、もうふたりは心憎《こころにく》からず思うようになっていました。そこで、巳之吉はお雪に、自分の家で少し休んでいってはどうかとすすめました。娘はちょっとはにかんでしばらくためらっていましたが、とうとう巳之吉の家で少し休んでいくことにしたのです。巳之吉の母親は喜んで娘を迎え、温かい食べ物でもてなしました。お雪のいかにも人柄のよさそうな立ち居ふるまいが、母親の目にとまったのです。そして江戸に行くのを、少し延ばしてみてはどうかとふたりで説得したのです。そんなわけでお雪は、とうとう江戸に行くのをやめてしまいました。そして巳之吉の嫁となり、その家にとどまることになったのです。

お雪は本当に申し分のない嫁でした。巳之吉の母親はふたりが結婚して、五年ほどしてから亡くなりましたが、そのいまわの際には、息子の嫁を思いやり、ほめたたえる言葉だけを残して息を引き取ったのです。そしてお雪は、巳之吉との間に男女合わせて十人もの子どもを産みました。どの子もみな器量好しで、色白の子どもばかりでした。

村人たちは、お雪のことを生まれつき自分らとは違うすばらしいおんなだと思っていました。とかく百姓女は早く老《ふ》けこんでしまうのに、お雪は十人の子持ちになっても、その顔かたちはこの村へはじめて来た日とちっとも変わらず、若くてみずみずしかったのです。

ある晩のことでした。子供たちがみな寝静まってから、お雪が行灯《あんどん》のもとで針仕事をしていると、巳之吉はお雪の姿をつくづくと眺めながら、こんなことをいいました。

「なあ、おまえがそうやって顔に明かりを受けながら縫《ぬ》い物をするのを見ていると、おれがちょうど十八の時に出くわした不思議な出来事が思い出されてならないのだ。おれはその時、今のおまえのように器量好しで色の白いおんなを見たことがあるんだ。そのおんなはおまえにそっくりだったよ。」

お雪は針仕事から目を離さずに答えました。

「その方のことを少し話してくださいな。……どこで、その方にお会いになったの。」

そこで巳之吉は、舟頭小屋で過ごしたあの恐ろしい一夜のことをついにお雪に話してしまったのです。

……白い女が自分の上におおいかぶさるようにして、微笑《ほほえ》みながらそっとささやいたこと……そして茂作爺さんは物もいわずに死んでしまったこと……などを。

そして、さらに続けたのです。

「夢にもうつつにも、おまえと同じような美しいおんなを見たのはあの時だけだった。あのおんなは人間じゃなかったんだ。おれは身震《みぶる》いがしたよ。恐かったなあ。それにしても色がぬけるほど真っ白いおんなだった。実際おれはあの時、夢を見ていたのか。それとも……雪おんなを見たのか。今もってはっきりしないのだがね。」

お雪は、いきなり縫い物をそこに放り投げ、つと立ち上がると座っている巳之吉の上に身をかがめるようにしながら、夫の顔に鋭い叫び声を浴びせかけたのです。

「それは私……このわたしよ……それはこのお雪だったのさ‼　あの時、おまえにいっておいたはずだよ。もしもそのことをひとことでも漏《も》らしたら、おまえの命はないって……。あそこに眠っている子どもたちさえいなければ、今すぐにでも、おまえを殺《あや》めるところなのだが……でもうこうなってしまったからには、せめて子どもたちだけは大切に育てて下さいな。かりに少しでも子どもにつらい思いをさせるようなことがあったら、その報いはこのわたしがきっとしますからね……。」

そう叫んでいるうちに、お雪の声は風の泣き叫ぶ声のようにしだいに細くなっていきました。やがてその姿は溶けるように、白く煌《きら》めく霧となって屋根の棟木《むなぎ》の方へのぼっていき、みるみるうちに煙出しの穴から消えていってしまったのです。

――それっきり二度と再び、お雪の姿を見た者はありません。

＊原作は米国で出版された小泉八雲（ラフカディオハーン）著「KWAIDAN」（一九〇四）に収められているものです。本文中に、人権意識上、不適切とされる表現がありますが、作品に差別意識が無いことと著作者人格権を考慮して原作に忠実に訳してあることを御理解願います。（訳者：芦田文代）

雪女の思い

――汚れゆく雪に重ねしこの我が身　溶け穢れ果て春となりぬる

月姫

雪女のお話は知らずとも、雪女という名前を知らぬ方はこの日ノ本にはおられぬでしょう。しかし、お話は地方によって多種多様。ただただ人を殺《あや》めるものもあれば、人を助けるお話までございまする。わらわはそれほど、文献は読んではおりませぬが、わらわが読んできたもののほとんどは、雪女とは冬の厳しさを表すもののようでございました。

しかしながら、わらわは常々それらの文献の見解には疑問を感じておりました。

何故ならば、わらわにとっての雪女とは「冬」ではなく「雪」だからでございます。

儚《はかな》く美しく、そして時には冷たく……。

雪女のお話で最も代表的でかつ、わらわの心に残ったのは小泉八雲様の書かれた雪女でございました。ここからは、その八雲様の「雪おんな」に視点を定め、つらつらと書いてゆきたいと思いまする。

八雲様がこれを書かれたきっかけは東京の農夫からお聞きになった話であり、原典は謡曲の『雪鬼』のような気もいたしまする。

『雪鬼』に登場する雪女もまた美男の誉れ高き在原業平に哀れな恋をし、自ら消えてゆくという切ない姿でございました。

雪女と似たあやかしの中には『しがま（つらら）女房』という昔話もございます。男がつららを見て「こんな色白の嫁が欲しい」と呟きます。ある夜美しい娘が訪れ、男は娘を嫁にすることにします。嫁は入浴を嫌がるのですが、男が無理に風呂に入れると、櫛《くし》と簪《かんざし》を残して嫁は消え失せてしまいます。

これも悲しいことにございまする。

このように、雪や氷というもの自体が持つ儚さは女性の儚さ、そして恋の儚さにも通じる部分があるような気がいたしまする。

さてお話は八雲様の雪女に戻りまする。

ここからはわらわの私観がかなり入りますゆえ、苦情は受けかねまする（笑）。

わらわが解釈しまする雪女は少しも恐ろしい存在ではございませぬ。

むしろ、すべての女達の思いを具現化した存在でありましょう。

お雪はあの吹雪の山小屋で巳之吉に一目惚れしてしまったのでございます。

年老いた茂作を殺してしまったかのように書かれておりますが、わらわはそうは思っておりませぬ。

まあ息を吹きかけて殺めているからこそ、「妖怪・雪女」という意見もございましょうが、そこは堪えてお聞き下さいませ。

わらわが思うに、そのような猛吹雪の状況下では、現代の人々でも死を覚悟しなくてはいけないのではないでしょうか?

それが、昔の時代なわけでございます。着衣だって今のような丈夫なものではなかったでございましょう……。

つまり、わらわの解釈ではお雪は茂作を殺めたのではなく、すでに息絶えていた茂作に近寄り生死の確認をしていたところ、お雪の吐き出す吐息が厳しい寒さの中であまりに白く、それが巳之吉には茂作に息を吹きかけているように見えたと思うのでございます。

そして、お雪は巳之吉の存在に気づき、近づいて確認をしました。

すると巳之吉は生きていたのでございます……。

そしてお雪は彼に一目惚れしてしまうのでございまする……。

姿を見られたお雪は悲しい物の怪の性に苦しみながら、黙っているように彼を諭します。

これは茂作を殺めたことをではなく、自分を見たことを黙らせたのでしょう。

そして一年、思い慕ったお雪は巳之吉のもとへと向かう決心をします。

結果、二人は結婚し幸せに暮らすことになったのでございます。

しかし、お雪の心の中には常に一つの暗雲がございました。

それは自分が物の怪だという事実にございます。これは拭いきれるものではありません。

好きな人に「自分は物の怪じゃ」などと言える女はおりませぬ。

悩んだ結果、心の中に「ある思い」を決めるのでございました……。

その思いを心に決めてからさらに幾年かの歳月が流れ、巳之吉の母がこの世を去りました。

そのことがある意味、二人の別れを決定づけたとも言えるのかもしれませぬ。

しかし、これだけではわらわが何を言っておるのかお解りにならないでしょう。

巳之吉の母の他界はお雪の中に存在する、「ある部分」を確認させたのでございました。

このの ち、二人は子宝にも恵まれましたが皆様ご承知の通り、幸せな暮らしは巳之吉のある晩の語りによって壊れてしまうのでございまする。

その夜、巳之吉は行灯の陰で繕いものをしているお雪を見て、十八のあの夜のことを思い出し、禁を破り語ってしまいました。

ここにも少し、わらわなりの考えが入りまする。

お雪が禁を破ること自体に重きをおいていたのなら、「どこでごらんになられましたの？」などと聞く必要はないのではありませぬか？　語り始めた段で、鬼面になればよいのですから。

しかし、お雪が鬼面へと変化するのは巳之吉が「あれほどの美しい女を見たことはない。だが、あの女は人間ではなかったのさ。あのとき見たのが、雪女というやつなのかもしれない」と語った後にございます。わらわは、ここがお雪にとっては肝心だったような気がいたしまする。

この巳之吉の言葉には恐怖もあったでしょうが、ただ恐怖する存在に「美しい」とは使いませぬ。

つまり、美しい雪女に対する慕情の念も含まれていたでございましょう。

そこがお雪にとっては肝心であったのではないでしょうか？

さらに、皆様、巳之吉の母の死を思い出して下さいませ。

巳之吉は母一人子一人の仲睦まじい家族なのにもかかわらず、母には十八の夜の体験を語っておりませぬ……。母は知らずして他界しておりまする。

お雪はこれらによって、「ある思い」を成就することが出来たのでございまする。

そもそも、物の怪のわが身。どんなに愛そうと愛されようと、人間と添い遂げられようか……。

寿命も違えば暮らしも違う。ならば、「愛」のみでよい。「愛し愛された証」のみでよい。

これが、お雪の抱いていた「ある思い」でございました。そして、
母にも語らなかったことを私には語ってくれた……

あの夜も今も私の美しさに魅かれていた……

そんな充実と切なさの中で白く光る霧となって、窓からふうっと消えていったのでございまする。

もともと、命をもらう気などなかったお雪は鬼面を作ることによって涙を押さえ込み、

「子供達を頼みます」と言い残したのでございます。

「それは……この私じゃ」というお雪の言葉の中には、「私のことを憶えていてくれた」「私には話してくれた」「やっと暗雲から解き放たれる」という様々な思いが含まれていたのでございます。

好きな人や子供達ともう二度と会えないという悲しみはございますが、母や妻であるよりも「女」であることを選んだお雪にとっては、ある意味幸せであったかもしれませぬ。

日ノ本の殿方にとって、良妻賢母は女の鏡でございました……。妻ではなく、母ではなく、女として生きることを望み選んだお雪は冷たい雪の女に見えたのかもしれませぬ。

巳之吉との真の愛を経て、お雪、いや雪女の妖《あや》しさは更なるものへと変化いたしました。

今宵、そなたと添い寝する方も、妻よりも母よりも女を選んだ雪女かもしれませぬ……。

小泉八雲の雪女は東京都民だった

雪女探偵団　妖怪研究家　山口敏太郎

明治期の作家ラフカディオ・ハーンこと小泉八雲の作品の中で、「雪おんな」は「耳無し芳一」と並び文学史上に輝く傑作である。

この作品は一九〇四年（明治三十七）、米国で出版された『KWAIDAN』（『怪談』）という本に収録されている。ここで改めて、「雪おんな」のあらすじを振り返ってみよう。

「武蔵国のある村に茂作と、巳之吉というふたりの樵《きこり》がいた。ふたりは毎日、山へ仕事に行った。途中には大きな川があり、そこには渡し船があった。木の橋も何度もかけられたが、大水のたびに流されてしまっていたのだ。ある雪のはげしい日、二人が仕事を終えて帰ってくると船頭の姿はなかった。二人は吹雪をしのぐため船小屋に泊まることにした。その夜、年寄りの茂作は白装束の雪女に凍死させられ、巳之吉は雪女のことを他言しない約束で命を救われた。その後、巳之吉はお雪という旅の娘と一緒になり、子供十人をもうけた。ある夜、巳之吉は雪女の話をお雪にしてしまう。お雪は雪女に姿を変えると、天に昇っていってしまった」。

皆さんは、この物語はどこか雪国が舞台だと思っていないだろうか。ところが、その舞台は東京都であった可能性が高いのだ。

『KWAIDAN』の序文に「『雪おんな』というこの奇怪な物語は武蔵の国、西多摩郡、調布村のとある農民が、その土地の古い伝説として私に語ってくれたものである。この話が日本の書物にすでに書かれているかどうかわからないが、あのような異常な信仰は日本のほとんどの場所にいろいろな形できっと存在しているに違いない。　L・H　一九〇四年一月二十日　日本　東京」とある。L・Hはラフカディオ・ハーンの頭文字であることは言うまでもない。

しかし、この一節はなぜか日本語訳の時に省略されてしまったのだ。これは一体どうしたことであろうか、謎である。だが、この訳されなかった初版『KWAIDAN』の序文が雪女の伝承探しの発端となった。

●雪女探偵団が行く

ＪＲ青梅駅から徒歩一五分程で調布橋につく。ここはかつてあった「調布村」という地名が、唯一残る場所（橋）である。その橋から、雪女が出たという「渡し場」の跡を眺めることができる。二〇〇二年二月には、この橋のたもとに雪女の碑が建った。そもそも、今回の雪女の伝承探しは次のような経緯で始まった。

毎年十一月に開催される青梅アートフェスティバルの二〇〇一年のテーマは「妖怪」と決定していた。青梅にある昭和レトロ博物館の館長であり、青梅アートフェスティバルの中心人物である横川秀利氏が「妖怪」というテーマをどう処理するかをめぐって動き始めていた。その横川氏の耳に、「雪女って妖怪ですよね」という一言が、地元宗建寺の住職から伝わったのである。

芦田文代女史（帝京大学講師）が属するコーラスグループが雪女というテーマに取り組んだ時に、小泉八雲版「雪おんな」は現在の調布市が舞台であるとアナウンスしたところ、ある方から西多摩郡調布村は調布市ではないという指摘を受けた。その後、西多摩郡調布村は、現在の青梅市内だとわかったので、その調査活動の一環で宗建寺の住職を訪ねた。住職としては、八雲の「雪おんな」の舞台が現在の青梅だという話は初めて聞いたので、印象に残っていたのだという。

これだ！　閃いた横川氏は、フェスティバルのテーマを「妖怪・雪女」と設定し、雪女の謎を解く「雪女探偵団」を旗揚げしたのである。その「雪女探偵団」に参加してきたのが、立川市在住で、私の友人である日本物怪観光のA君であった。サイト「妖怪世界」で、柳田国男の調査以降行方不明になっていた妖怪「ぬりかべ」の再確認の過程を公開していた私に、A君を通じて、雪女の調査依頼が舞い込むことになった。こうして、昭和レトロ博物館の調査員として、私とA君のコンビが調査に携わることになり、さらに萬屋氏、からしま氏、宮守氏、渡辺太一氏、佐野氏、古郡氏、後藤氏、熊野氏など全国の妖怪研究家たちが集結し、一大捜索が開始されることになったのである。

●雪の妖怪は全国ネットの妖怪

では、問題の序文にある「西多摩郡調布村」とは一体、現在の東京のどこにあたるのだろうか。まず最も有力と言える青梅市になった調布村の変遷を見てみたい。一九八九年（明治二十二）、旧来の三九か村が合併して青梅町・調布村・霞村・吉野村・三田村・小曽木村・成木村の一町六か村となった。一九五一年（昭和二十六）、青梅町・調布村・霞村が合併して青梅市となり、一九五五年（昭和三十）に吉野・三田・小曽木・成木の四村が青梅市に編入され、今日の市域となったのである。

また都内には、あと二つの調布がある。まず、現在の調布市は、一八八九年〜一九五五年まで存在した調布町（上石原村、下石原村、上布田村、下布田村など六か村が合併してできた）が元となっており、北多摩郡に属していた。また、田園調布の元となった東調布村は、一八八九年（明治二十二）に、鵜の木や嶺上、下沼部村などが合併して成立したものであり、荏原郡に属していた。

したがって、厳密に「西多摩郡の調布村」と言えるのは、青梅市になった調布村のみである。また、増水すると渡れなくなるほどの大きな川、そして山仕事のできる緑豊かな山というロケーションに合うのは、現在青梅市になっている調布村しかないであろう。

現代人の感覚では、雪国ではない東京都に雪の妖怪の伝承があることに違和感を感じるかもしれない。だが実は、雪の妖怪は四国の愛媛にも、高知県にも、なんともっと南の鹿児島県にも伝承されているのだ。愛媛県の雪の妖怪は「ユキンバ」といい、子供をさらう一本足の妖怪である。また高知県の雪の妖怪は杖をついてくる「杖突き」というものである。さらに鹿児島の雪の妖怪は「ユキバジョ」という老婆の化け物である。雪の妖怪は雪国に出るというのは、私達現代人の思い込みなのである。雪さえ降れば、イマジネーション豊かな日本人は、そこに妖怪の影を見た。雪の妖怪は、北国から南国まで全国ネットの妖怪であったのだ。

さらに付け加えるなら、百年以上昔の江戸期、中野から西の東京西部は充分に豪雪地帯だった。青梅郷土資料館の野村氏によると、地元の古い随筆などに「雪が四尺も積もった」という記述があるという。また横川氏によると、氏の少年時代つまり昭和十数年頃までは六〇センチほど積もることはたびたびあったというのだ。

今回の雪女調査にあたって、都内における雪女伝説の分布を調べてみたところ、中野、八王子、青梅に「雪女郎」の名称で伝承されていることが判明した。『八王子の昔話』（八王子市教育委員会発行）、『続中野の昔話・伝説・世間話15』（中野区教育委員会発行）や、青梅での聞き取り調査において、いずれも雪女郎として伝わっており、雪女という表現は都内の伝承ではなかったようである。往時は雪女よりも雪女郎という表現の方がしっくりきたのかもしれない。八雲は、女郎をうまく英訳できなかったため、英語表現として雪女という言葉にしたのではないか。そのため日本語に戻される際に、雪女になってしまったのではないか。となると、原話での呼称は雪女郎だったのではないだろうか。

さて、都内で伝えられている雪女郎（雪女）の伝承には、教訓的なものと、物語めいたものとの二種類が存在する。まず、中野の伝承は短いものがいくつかしか残ってないが、いずれも「雪の日に外で遊ぶと雪女郎が出るよ」というものであり、雪の日の災害を未然に防ぐための親心のこもった教訓妖怪である。青梅での聞き取り調査で確認された雪女郎（雪女）談も同様であった。「雪の降った日は早く帰らないと雪女郎が出ると言われた」「雪の降った夕方には裏口の山側に雪女郎が出ると言われ、子供時代、大変怖かった」というもので、これまた教訓妖怪であり、物語性はない。

八王子の雪女郎（雪女）談には物語性がある。迷子になった幼女を雪の日に老婆が助け、親切に食事などでもてなすが、その幼女は突然ふっと姿を消してしまうのである。そして、しばらくたってその老婆が、隣村から帰る途中に吹雪にあい、遭難しかかった時に「私の娘を助けてくれたお礼」として、雪女が無事に送り届けたというものであった。なんと心優しい雪女であろうか。

●オシラ様伝説と雪女伝説の酷似

ここで当時の調布村周辺について、信仰面からその精神文化を分析してみよう。調布村は農村地帯であり、そこには農村特有の「田の神」への豊作祈願という信仰があったと思える。さらに、調布村はその名前から想像できるように養蚕業も盛んな地域であった。養蚕では「オシラ様」という神を信仰する。青梅一帯で、オシラ様信仰が最近まであったことは聞き取り調査で証言が得られている。

このオシラ様の伝説が興味深い。馬と娘が恋に落ちるが、娘の両親は結婚を許さず、馬を殺害してしまう。娘は馬の死を悲しむが、死んだはずの馬が現れ、娘を包み、天に昇っていくという話である。

つまり、オシラ様伝説と雪女伝説とはストーリー設定が酷似しているのである。まず、人間（娘、巳之吉）と異人（馬、雪女）との許されない恋、その恋の破綻、そして天に昇っていく結末などがよく似ているのだ。このオシラ様伝説のモチーフが雪女談の成立に影響したことは否定できない。

このような農業の神（田の神、オシラ様）は通常冬場には「雪神」に変化する（この雪神は当然雪の妖怪に零落する神である）。季節によってモデルチェンジするのだ。一部の地域では、田の神と雪の神がすれ違う昔話も語られている。これは、「河童」が夏場を河童として川で過ごし、冬場は山に入り「山童」になることと同様である。民俗学上、神や妖怪は季節により模様替えすることはよくあるのだ。その延長線上で、青梅の場合オシラ様と雪神（雪女）を交互に崇拝し、それがいつしか、

「オシラ様の異類婚姻談」と「雪女という雪神の零落妖怪の話」が混ざり合い雪女のベースとなる話ができたのであろう。

そして、もっと決定的なものが見つかった。オシラ様伝説そのものとも言える伝承が八王子に残っていたのである。「落城の際に、お姫様をのせた馬が逃げ出した。姫を守るために懸命に走ったが、敵方に首をはねられてしまった。しかし、その首のない馬がお姫様をのせたまま天に昇っていった」(『八王子の昔話』)。これはまさに、雪国東北の養蚕地帯のオシラ様伝説が東京都西部に伝えられていた証拠ではないだろうか。さらに驚いたことに、その首無し馬と若い女性は「夜行さん」という妖怪となり満月の夜、出現するという落ちになっていることだ。話の内容は東北各地に伝わるオシラ様伝説そのままであるが、名前が四国徳島に伝わる妖怪「夜行さん」になっているのだ。これは怪談話の混合を露骨に証明するものである。全国の様々な伝説が東京西部に集まり、混ざり合い、個性的で物語性豊かな話に完成していったことを示していると言えよう。

●ぬれ女＋尼僧・遊女との恋＋オシラ様＝青梅版雪女

次に考えるべき点は、周辺の地理的環境である。妖怪談の成立を考察するにあたって、これは重要なポイントである。宿場町であった青梅には、多くの旅人を慰めるために、遊女のいる色街も併設されていたであろう。また、川をはさんだ対岸には尼僧のいた寺院があったともいう。

遊女と尼僧というこの二タイプの女性の共通点は、一般の常民の社会から離脱した存在であるということだ。遊女として芸事の世界に身を置くこと、世俗を捨て、剃髪し僧籍に入ること。それは常民社会との決別、つまり一般庶民の男性との恋愛からの離別を意味していた。たとえ好きな男がいようとひとたび色街や寺に入った女達は、その愛すべき人を捨てざるを得なかったのである。またすでに、色街や僧籍に入った女達との恋愛も御法度であった。農村の娘と違って、尼僧や遊女は美しかったであろう。その姿には、雪のような白き美しさや、神秘的な崇高さが漂ったであろう。見たこともない着物、派手やかな振るまい、しかしそこには寂しげな影もつきまとう。つまり、崇高で美しいが、遠い存在の女性が、調布村(青梅)の庶民には身近にいたのである。川の向こうという境界線を越えた異界に住む崇高で謎めいた美女、この存在が神秘的な雪女の創造に影響したことは否定できないだろう。

ちなみに、青梅市で妖怪の聞き取り調査を行った際に「雪座頭」という妖怪名が採集された。これは座頭頭、つまり坊主頭の雪女が出たという話であり、尼僧姿の雪女の伝承である。大変珍しい妖怪であるが、松井文庫などに坊主頭の雪女の絵が残っており、かつては尼僧姿の雪女が庶民によって創造されていたのである。

さらに考察すべきポイントは、自然環境である。往時の多摩川は、繰り返し氾濫したと想定される。洪水は甚大な被害を及ぼし、水神信仰を生み出したことは間違いないと思える。今回の調査で、青梅で水神を祭る家が相当数確認されている。この水神というのが問題である。この神の性格は、まさに水の性質そのものであり、平素は温厚な神であるが、一度暴れると手がつけられなくなってしまうというものである。江戸初期の青梅においては、多摩川の治水対策が遅れており、水への恐怖が増大していたと思われる。その水への恐怖が、水神系の妖怪へと姿を変え、出没していたのではないか。

水神系の妖怪とは牛鬼、河童、ぬれ女である。「牛鬼」は水神が妖怪に零落した姿であると言われる。一方で水神は安産や子宝の神とされ、女性に祈願されることが多い。このため牛鬼はよく「ぬれ女」や「いそ女」という女性の妖怪をともなって現れる。

ぬれ女は時には子供を抱き、時には一人で姿を現す。そして男から精気を吸い取るとも、生き血を吸うとも言われている。このぬれ女が豪雪地帯に出ると雪女と呼ばれるのではないか。

ちなみに、雪女はぬれ女と同じく子供を抱いて出ることがある。そしてその子供を抱かされると段々重くなるというパターンも同じである。また男の精気を吸い、殺してしまうという点も一致する（雪女の場合は凍死させているのかもしれないが）。また水神の本体である牛を連れて出てくる雪女も東北には伝わっている。「べこを連れた雪女」がそれである。そのべこ（牛）の牛乳を飲ませるという。当然飲んだ者は凍死するという結果となる。ここまで一致する以上、川の氾濫地域であり、豪雪地帯でもあった青梅の地に、ぬれ女を基盤とした雪女が登場したのは必然ではあったのかもしれない。

さらにこのぬれ女系雪女に、尼僧、遊女との禁じられた恋という要素が付加される。ある事情で出家せざるえなかった女性が昔の恋人と川べりの小屋で愛を育む。また色町に身をやつした女性が本物の恋を忍びながら、川向こうで恋人を待っている。こういうことは実際にあり得たであろう。この「恋」という要素が加わって、恐ろしいだけのぬれ女系雪女に艶っぽさが加わったのではないか。

そして、最後に「お雪」であった彼女が、秘密をばらされたために「雪女」という非日常の存在に変わり、男の元を去っていく。これは、「普通の女」であった彼女が本来の身分、つまり「尼僧」「遊女」という一般の男では手の届かない存在に戻っていくことを表現しているのではないだろうか。

秘めた激情が感じられる「雪神」の季節が去ると、「田の神」の季節がやってくる。田の神は青梅の調布村では「オシラ様」かもしれない。このオシラ様も雪女と同じく、最後は天に消えていく。

このように青梅版雪女は、ぬれ女系雪女に、尼僧、遊女との禁じられた恋に加え、最後にオシラ様の消え方を踏襲することによって完成されるのである。これが私の推理する青梅版雪女における妖怪進化論である。

●八雲家には調布村出身の親子が奉公していた

このような流れで調布村版雪女が成立したと仮定しよう。そこで今度は、その調布村版雪女が小泉八雲の作品である『雪おんな』の元ネタとなったかどうかという点が問題になってくる。まず、『雪おんな』の舞台が調布村だということを証明するには、小泉八雲が調布村の人物と接触したことを裏付ける証拠が必要である。

当時の八雲が住んでいた市ヶ谷富久町の小泉邸には車夫、髪結い、女中など十五人の奉公人がいたそうである。実はその中に「はな」という調布村出身の若い女性がいて、三男清氏の子守りをしていたという。さらに「はなの父親である宗八」も庭仕事や雑用で八雲家に頻繁に足を運んでいるのである。これは八雲の長男である小泉一雄氏が著作『父　八雲を憶う』（一九三一年、警醒社）という書物に書いている事実である。すると雪女の序文の西多摩郡調布村のある農民から聞いたという箇所の、ある農民とは、この宗八と考えるのが妥当ではないだろうか。

しかも、雪女捜索の過程で、宗八の墓が青梅市内の某所で発見されたのだ。小泉八雲家の奉公人宗八は実在したのである。さらに娘もいた。何人かいるのでどの娘が八雲家に行っていた娘か不明だが、

「はな」という名前ではないものの同じ年頃の娘は確かにいたのだ。はなという名前は愛称であった可能性がある。当時の風習では奉行人が本名以外で呼ばれることはよくあったようである。

ちなみに小泉一雄氏の本によると、この二人は当時の人材派遣会社のようなものである「慶庵」というところから紹介されていたという。この「慶庵」の存在はのちに、意外な形で証明される。ともかく八雲の家には調布村出身の親子が勤めていたのである。これで八雲と調布村が線でつながった。

●妖怪おかむらっこが出た「恋瀬の渡し」

さらに物語の重要なキーワードとなる「渡し」のある川と、渡し船の「船小屋」の存在の有無について検討してみたい。明治当時、今の青梅市にあたるエリアには六か所の「渡し」が存在したというが、ほとんどが大正、昭和にかけての橋の建設により消滅してしまった。その消えていった渡しの中で、さらに限定して旧調布村の渡しとなると「千ケ瀬の渡し」しかない。この渡しは別名「恋瀬の渡し」と呼ばれていたというのである。なんとロマンチックな名前だろう。雪女と若者の出会いの場としてはもってこいではないだろうか。しかも、この渡しは宗八の生活圏に一番近い。

さらに、あるご老人から驚くべき情報を入手した。その老人が少年の頃、「恋瀬の渡し」の数百メートル上流に船小屋があった。しかし、そこには遊びに行ってはいけないと親から厳しく言われた。なぜならそこには「おかむらっこ」という女の妖怪らしきものが時々出て、人に襲いかかるからだというのである。船小屋の付近に出る女の妖怪の伝承が出てくるとは、まさに驚きであった。この伝承は、雪女の原話の断片ではないのだろうか。

調布橋から望む旧「千ヶ瀬の渡し」付近

ご老人の証言だと、小河内ダムがなかった頃の多摩川の水量は多く、急流であったそうである。かける橋も度々流され、大雨のあとは向こう岸に渡る橋がなく、渡し船で渡ったというのである、また千ヶ瀬の渡しには船小屋が大正の頃まではあったというのだ。

これでかなり絞り込めたようだ。「調布村唯一の渡しであること」「恋瀬の渡しと意味深な別名があること」「宗八の生活圏であること」「船小屋があり、そこには女の妖怪らしきものが出るという伝承があること」、以上から「千ヶ瀬の渡し」がモデルになったと断定してもいいだろう。

なお八雲の作品によると、二人の男は川を渡り、作業場のある山まで五マイル歩いたとある。五マイルをキロに直すと八キロ～九キロである。ちなみに千ヶ瀬の渡しから約九キロの直線距離に、明治当時、山仕事をした森があるというのだ。これも多くの地元の高齢者の証言である。

八雲の「雪おんな」のロケーションとしては調布村（青梅市）は申し分ない。八雲と調布村とつなぐ人物の次に、「雪おんな」の原話の舞台に符号する現場が見つかったのである。

●八雲版『雪おんな』の原話を採集

では、当時の調布村に「雪おんな」の原話のような話があったのだろうか。この原話探しに奔走した私と仲間はある人物にたどりついた。立川の民俗学会の重鎮である三田鶴吉翁である。西多摩の名士である三田鶴吉翁は調布村の出身で語り部である。私は翁にインタビューを行った。そして、八雲の「雪おんな」の原話にたどり着いたのである。

明治時代当時、浜野氏という今で言う郷土史家の方が、幕末から明治にかけての様々な奇談や怪談を集め、整理していたようである。その記録した文献は相当な量で、昭和十年頃から、当時すでに伝説や故事に興味を持っていた三田鶴吉少年に写本させていたのである。それは昭和十七年に鶴吉少年が出兵するまで続いた。残念ながら、防空壕などに保管したため、その多くは湿気等で失われてしまったというが、少年時代に記憶したことというのは残るものである。その中に小泉八雲の『雪おんな』とまったく同じ話があったというのだ。そして、その内容を鶴吉翁がはっきりと証言したのである。

しかも、原話と八雲版との違いまで指摘した。この微妙な違いにかなりのリアリティが含まれており、大変意義深い。その違いとは具体的に述べると二点ある。まず、巳之吉の職業は「樵《きこり》」ではなく「ソマ」であるということ、さらに、雪女の生んだ子供の数が十人ではなく、原話では人数が語られていなくて、ただ単に多くの子供を産んだという点である。それ以外はすべて同じなのである。

ではその相違点を具体的に見ていこう。翁によると「樵」と「ソマ」は別の職業で、樵は「木を切る人」、ソマは「山仕事（薪を集めるなど）をやる人」だというのだ。川から五マイル、つまり九キロも行ったところでは木の運搬ができないから樵は仕事などしない。つまり、樵は比較的川に近いところで作業し、数キロも入った場所で仕事するのはソマというのだ、と三田鶴吉翁は指摘した。樵もソマも同じ職業だと思いがちだが、これはまったくの盲点であった。

おそらく証言者の「宗八」も何度も説明したのかもしれない。しかし、英語に「樵」と「ソマ」の違いはないのだ。外国人であった八雲は当然として、武家出身の妻セツもこれを深く考えず、あるいは仕方なくソマを樵として英文に訳してしまったのだろう。だから逆輸入される時に樵として日本語に訳されたのである。そのため、原話とは職業が違ってしまったのである。

さらに、「慶庵」も確かに存在したと、三田鶴吉翁は証言されたのだ。青梅市内、なんとそれも、渡しと宗八の住居のある千ヶ瀬にかつてあったのだという。当時の調布村の子女は「慶庵」を経由して、歩いて一日で行ける東京に就職するというのが一つのコースだったようである。

全てがここにきて一致した。つまり、「雪おんな」の原話も、そして八雲と接点のあった「宗八」も、宗八を紹介した「慶庵」も、モデルになった「渡し」も、全てが西多摩郡調布村、現在の青梅市に確かに存在したのである。

「雪おんな」の舞台が青梅市であるという仮説は確かに以前からあった。当然それは八雲の序文から発生した仮説であり、他の安曇野説や、八雲が創作として調布村の舞台設定をしたという説など様々な仮説の一つとして存在したのである。その仮説を「雪女探偵団」が「原話の発見」「伝承者の確認」「調布村農夫の存在の確認」「渡し場の確認」という様々な現場での証拠固めによって証明し、仮説を定説にしたことの意義は大きいと思う。

●十人の子供とは「十穀」を指す!?

ここまで熟考してきて、ふと気にかかることがある。雪女の巳之吉にかける純愛である。物の怪という異界の住民でありながら、里の男に恋をしてしまった雪女。なんとはかないのであろうか。多分、八雲は雪女と巳之吉とのラブロマンスに、自分と日本人妻である「セツ」との愛を重ねてみたのかもしれない。外国人に対する不当な偏見の残っていた当時、八雲は雪女の孤独感に共感したであろう。共同体に属せなかった雪女に自分の姿を見たのであろう。そして、献身的な愛を貫いてくれた妻に対しての感謝と愛を込めて「雪おんな」を書いたのではないか。これは八雲の素敵なラブストーリーだったのかもしれない。この章の扉に掲げた、小泉八雲が世を去る間際に出した『KWAIDAN』の初版本の挿絵を見てほしい。まるで妻の「セツ」さんのような見事な日本髪の雪女が描かれている。

しかし、この「雪おんな」という作品を書いて数か月後、八雲は一九〇四年（明治三十七）の九月二十六日に、狭心症のため東京の自宅で亡くなった。享年五四歳。異郷からきた八雲は雪女に共感し、妻への愛を雪女に仮託して歌いあげると、この世から忽然と去ってしまったのである。まるで雪女と同じように天に昇っていったかのごとく……八雲の人生と雪女の物語がシンクロした不思議な出来事ではないだろううか。

二〇〇二年三月十日、青梅に「雪おんな縁の地」と書かれたモニュメントが建てられた。新たな東京の名所ができあがったのだ。題字は小泉八雲の孫である小泉時氏によるものである。

こうして雪女捜索を終えて青梅を去ったあとも、私の頭を離れない謎がひとつ残されていた。原話「雪女」と八雲版「雪おんな」の違いにおいて、なぜ「大勢子供を産んだ」という部分を具体的な数

調布橋のたもとに建てられた「雪おんな縁の地」の碑。あいさつする小泉時氏。

字「十人」としたのであろうかということである。

冬が去り春を迎えた四月、芽吹きの季節に、私は八雲の謎かけに気づいた。子供十人とは穀物を指すのではないかということである。

雪神（雪女）は、田の神と表裏一体で語られることが多い。田植えの際にのこり苗を三束洗い、床の間にかけるという「サナブリ」の儀式は「田の神が天に昇っていく」という意味合いがある。つまり、オシラ様の天への昇り方、雪女の消え方と一致するのだ。雪神＝雪女が冬場を受け持ち、田の神＝オシラ様＝農耕神が春から秋を受け持つのだ。そして、それは河童が山童になるように、入れ替わりながら里の実りを見守ってきた豊穣の神なのである。

厳寒期の怖さ、雪神としての恐ろしさを、雪女が「老人を殺す」という行為で表現し、田の神、農耕神としての実りの収穫を「子供を産む」という行為で表現したのではないだろうか。つまり、十人の子供とは、農業で言うところの「十穀」ではないだろうか。

私は春の日差しの中を行きながら、推理を続けた。

妖怪入門

妖怪って一体何なの？

妖怪とは、何であるのかよくわからないもの、謎のものということは間違いないです。それはたとえば暗闇への恐怖だったり、自然への畏怖だったり、日々の戒めだったり、ただの言葉遊びだったりと、これこそが妖怪である！と断言できないものなのです。

よくわからないからこそ、人はいつの時代になっても妖怪に興味を示すのかもしれませんね。

妖怪と幽霊の違いは？

大ざっぱな言い方をすれば、幽霊＝人が化けたもの、妖怪＝人も含めてありとあらゆるものが化けたもの。幽霊はどうしても人に限定されますが（動物の幽霊もいることはいます）、妖怪は人や動物に加えて石や水など自然そのものだったり、使っている道具だったりと本当にたくさんの種類があります。幽霊は恨みを持った特定の人・場所に現れるのに対し、妖怪は一部の例外を除き特にそういったことにはこだわらない点も違います。

妖怪って不吉な存在では？

出会うと命を奪われるなど不吉な存在のものも確かにいますが、逆に幸福をもたらすものもいます。たとえば「ざしきわらし」。この妖怪が家に住むようになるとその家は栄えると言われています。東北地方には彼（？）が住んでいると言われる旅館があって繁盛しているとか。似たものに、入り込んだ家は栄えるのに自分は汚らしくなっていく「竜宮童子《りゅうぐうどうじ》」がいます。人にお金をあげるのが大好きな「金霊《かねだま》」なんていうのもいますね。

ざしきわらし（絵・天野）

一番強い妖怪は何？

先にあげた、幸福をもたらすもの達ではないかと思います。

え？　全然強そうじゃない？

たとえば「ざしきわらし」があなたの家に来たとしましょう。あなたの家は幸せいっぱいになって大喜び。そして隣の家にも「ざしきわらし」が！　隣の家も大喜び。それがどんどん広がって町内、日本中、世界中が幸せいっぱいで大喜びすれば、だれも争ったりしないのです。戦いが起こる前にその元凶をおさえてしまう。これはある意味、最強ではないかと思います。

じゃあ一番弱い妖怪は？

悪事のバレた金のない政治家……ではなくて、人々に完全に忘れ去られたもの達でしょうか。

彼らがどんな姿をしていて、どんな名前で、どんなことをするのか、今となっては誰にももうわからない。つまりあらゆる意味で、現代までは生き残ることができなかったものが一番弱い妖怪なのかもしれません。何だかちょっと悲しい存在ですね。

どうして妖怪は人をおどかすの？

肝だめしを思い出してみましょう。暗い夜道をおどおどしながらやって来た友達を物かげから「ワッ！」とおどかすと、びっくりしてあわてふためく様に大笑い。やったね！という気持ちになったコトはありませんか？多分こんなノリで彼らは人をおどかすのでは？　妖怪達もやっぱりわれわれが驚きあわてるのが面白くてしょうがないのでしょうね。

妖怪は死なないの？

一部の鬼や大蛇など人に退治されたものを

除けば妖怪は死なないみたいです。手を変え品を変えわれわれの前に現れるようです。

一例をあげれば、「あずきとぎ」という妖怪がいて、小豆《あずき》をとぐ音をたてますが、今の人は小豆をとぐ音を知りません。そこで今はそれに近い、穴を掘る音をたてる「穴ほり男」

になって各地に現れるそうです。

あずきとぎ（絵・天野）

どこに行けば妖怪に会えるの？

基本的に妖怪は人のいる所に現れます。しかし、どうも最新の機械などが苦手らしく都会に現れたという話は少ないです。

また、せかせかしたり、気持ちに余裕のないの人の所には近寄りにくいのか現れてくれません。

自然豊かな野山へ行って何をするでもなくぼーっとしていれば、そのうち向こうから「よぉ」とか声をかけてくるかも知れません。

妖怪はいつ頃からいるの？

人の心に余裕が生まれた時からでしょう

か。

心に余裕がない時はとかく物事を良いとか悪いとか単純にとらえがちです。生きていくのに必死だった大昔の人も、良いことをする神様や悪いことをする悪魔というものを考え出しています。

しかし人々の生活が安定し、ゆとりができた頃、良いこともすれば悪いこともする、つかみどころのない存在である妖怪が現れました。「何だかよくわからない」というものが考えられるのは、それだけ心に余裕があるということではないでしょうか。

妖怪は今でもいるの？

映画にもなった「トイレの花子さん」や「カシマレイコ」、「テケテケ」など、今までの妖怪と区別して「現代妖怪」と呼ばれていますが、これらの話を聞いたことがあると思います。ほかにも各地で「現代妖怪」にまつわる話が生まれています。

つまり今も妖怪はいるのです。また妖怪達はわれわれ人間の遊び心が生み出したものであるという考え方があります。

われわれが遊び心を失わないかぎり彼らはいつまでも存在し続けるでしょう。

（文・佐野豊房）

絵師紹介

天野行雄（あまの ゆきお）
1996年にアートユニット・日本物怪観光（にほんもののけかんこう）を発足。物の怪をテーマにした作品を発表している。
➜http://mononokekanko.com　日本物怪観光通信Woo

うたわん堂
幼少の頃から、不思議好き、妖怪好きだったが、ひょんなきっかけから妖怪好きが再燃し、現在に至る。
➜http://www2.wbs.ne.jp/~utawando/

えんら
学生、兼フリーイラストレーター、兼同人漫画描き。オンラインでは自身の同人活動HP運営の傍らGW氏主宰の妖怪サイトに第二絵師として参加。
➜http://magurock.cool.ne.jp/　➜http://yokai.pos.to

Gw
小学生の時に「河童の三平」を読んで妖怪に目覚め、以来妖怪やモンスターをスケッチブックに描き始める。現在は会社員の傍らバケモノ絵師として活動。現代版画図百鬼夜行作成WEBサイト「妖怪ポスト」の運営。
➜http://yokai.pos.to/

増田よしはる（ますだ よしはる）
京都造形芸術大学洋画コースを卒業後、美術講師を務める一方で妖怪の研究、妖怪画の制作を行う。2001年12月、京都にて展覧会「現在妖怪事展」を開き、姿を変えて現代に生き残る妖怪達、百体のイラストを解説文と共に発表。
➜http://www.geocities.co.jp/Technopolis/8481/index.htm

宮守影鉄（みやもり えいてつ）
横浜市生まれ。アニメーターを経て妖怪画に到達。月岡芳年を生涯の師と心に決め妖怪や幽霊をモチーフにした絵をホームページ芥子娘にて展開中。
➜http://www04.u-page.so-net.ne.jp/fd5/eitetu/index.html

夜陣好翁（やじん よしおう）
本名／夜陣好男（やじん よしお）。大学入学を機に漫画を描き始める。子供の頃からの怪人・怪獣・妖怪好きが再発し気がつけばHPを持つことに。
➜http://izumo.cool.ne.jp/yosiow

萬屋（よろずや）
平成７年東京造形大学卒。卒業後しばらく潜伏の後平成12年イラスト紹介のホームページ「妖怪絵草紙　狢の夜会」を開設、現在に至る。主に妖怪、侍、花魁等和風なモチーフを題材に活動している「妖怪絵師」である。
➜http://www5a.biglobe.ne.jp/~uma-001/index.html

著者紹介

山口敏太郎（やまぐち びんたろう）

本名／間敏幸（はざま としゆき）。96年学研ムーミステリーコンテスト優秀賞を「妖怪進化論」で受賞、以後原稿寄稿本は20数冊。主な著作に昭和レトロ博物館『青梅妖怪絵巻』。青梅妖怪祭りのプロデュースも行う。

➔http://www.top.ne.jp/aliceweb/youkai/　妖怪王

➔http://www.mag2.com/m/0000076288.htm

メールマガジン妖怪王（無料）申し込み

協力

芦田文代（あしだ ふみよ）

1943年、東京生まれ。津田塾大学卒。白梅学園教諭、カナダ・カルビンパーク講師を経て、現在外語学院帝京大校講師。97年「雪おんな」レクチャーコンサートにて講演。2002年「雪おんな」新訳発表（昭和レトロ博物館発行）。

月姫（つきひめ）

ネット上で幽玄の世界を再現する文筆家。秀麗な言葉つづり、洗練された言霊はネット上で月姫ファンを魅了する。『青梅妖怪絵巻』（昭和レトロ博物館）に寄稿。

➔http://www.tsukihime.com　月姫屋敷

佐野豊房（さの とよふさ）

愛知県出身・在住。実家の近くが「やろか水」にまつわる場所だったりする。ついでに義兄が某マンガに登場したカッパにそっくりだったりする。

➔http://www.top.ne.jp/aliceweb/yukionna/

江戸武蔵野妖怪図鑑

2002年7月7日　第1刷発行

著者　山口敏太郎

装丁／DTP　岡田恵子

発行者　清水定

発行所　株式会社けやき出版

〒190-0023　東京都立川市柴崎町3-9-6

TEL 042-525-9909

FAX 042-524-7736

印刷所　株式会社平河工業社

ISBN4-87751-168-7 C0076